[illegible]ÉRATION

[illegible] ASSOCIATIONS

OUVRIÈRES

DANS LA GRANDE-BRETAGNE

EXTRAIT DE LA *REVUE GERMANIQUE ET FRANÇAISE*

LIVRAISONS DES 1er JANVIER, 1er FÉVRIER ET 1er MARS

1863

LA COOPÉRATION

OU LES

NOUVELLES ASSOCIATIONS OUVRIÈRES

DANS LA GRANDE-BRETAGNE

« J'ai toujours regardé avec sympathie les efforts ayant pour but de combler en tout ou en partie ce grand ravin, qui, jusqu'à aujourd'hui, a séparé la classe des ouvriers de celle des capitalistes. Je voudrais que les uns et les autres se rendissent bien compte de leurs difficultés réciproques. Je voudrais surtout que les ouvriers comprissent ceci : Le capital n'est autre chose que du travail accumulé, et le travail, à son tour, est du capital en germe. Isolés, ni travail, ni capital ne peuvent prospérer... »

(*Discours prononcé à Rochdale.*) COBDEN.

HOLYOAKE, *Selfhelp by the People. History of Cooperation in Rochdale.* Traduction par ALFRED TALANDIER, publiée par le *Progrès de Lyon.* — *The economic advantages of Cooperation, by John Holmes*, of Leeds. Prize Essay. — *History of the Rochdale district Cooperative Corn Mill Society, by* WM. COOPER. — J. WATTS, PH. D. *On Strikes.* — *Saiked Cooperative Societies, their workings and their results.* Prize Essay. — *The Cooperator.* London, F. PITMAN. — *The Working Man.* London, J. CAULDWELL.

— *The Weekly Sentinel.* London, J. CAULDWELL. — *The Reasoner* et le *National Reformer.* — Divers articles du *Times*, de *Westminster Review*, de *Fraser's Magazine*, *Mac Millan's Magazine*, *Quarterly Review*, etc. — Prof. V. A. HUBER. *Die gewerblichen und wirthschaftlichen Genossenschaften der arbeitenden Classen in England, Frankreich und Deutschland.* Tübingen, H. Laup, 1860.

Il a fallu des grèves gigantesques pour attirer l'attention publique sur le prolétariat anglais, complétement négligé depuis l'avortement du mouvement chartiste. C'est inopinément que l'existence de puissantes organisations ouvrières a été révélée au public, fort étonné d'apprendre que des artisans opposaient à leurs patrons coalition contre coalition, et déclaraient vouloir obtenir de force l'élévation de leurs salaires. La grève de Preston, en particulier, a produit une impression profonde; et cet événement mérite, en effet, de prendre place parmi les incidents mémorables de l'histoire anglaise. Les ouvriers ont perdu cette bataille; mais ceux qui comprennent les signes des temps ont reconnu que le prolétariat de la Grande-Bretagne est déjà devenu une force sociale indépendante, dirigée par des hommes qui, en restant maîtres d'eux-mêmes en des circonstances très-difficiles, se sont montrés dignes d'une meilleure destinée. Le nouvel ordre de choses qui surgit actuellement n'est pas d'origine purement anglaise; il ne restera pas non plus, ce nous semble, un produit exclusivement britannique; et nous serions bien étonnés si, tôt ou tard, il ne passait pas le détroit de la Manche. Il est donc grand temps que nous apprenions à le connaître, car il n'est jamais trop tôt, il n'est jamais trop tard non plus, pour réaliser un progrès.

I

LES GRÈVES ET LES TRADES' UNIONS

Depuis le rappel de la loi contre les coalitions d'ouvriers, de nombreuses associations ont, sous le nom de *Trades' Societies* ou de *Trades' Unions*, surgi dans une foule d'industries. Elles ont toutes pour but de donner des secours à leurs membres, en cas de maladie et de chômage, et de maintenir ou d'améliorer le taux des salaires. Elles sont avant tout des sociétés de secours mutuels, parfaitement analogues aux autres sociétés de bienfaisance qui foisonnent en Angleterre, sous les noms de *Forestiers*, — *Vénérables Druides*, — *Drôles de corps* (odd Fellows), — *Anciens Romains*, — *Jolis Bergers*, — *Ordre de la Toison*, — *Ordre indépendant et loyal de l'Arche;* appellations bizarres semblables à celles que prennent les loges maçonniques, qui ont pu leur servir de modèle : *Rose du Parfait Silence*, *Temple de l'Honneur*, *Colombe pacifique*, etc.

Dans une même industrie, les associations locales sont reliées par un comité central, qui a des ramifications dans toute l'Angleterre et même au delà : la Société des *Graveurs* ayant des membres actifs aux États-Unis, et celle des *Mécaniciens réunis* (*Amalgamated Engineers*), ayant des représentants en Australie, dans le Canada, en France, en Italie, et généralement dans tous les pays civilisés.

Le tarif des salaires, adoptés par les Trades' Unions, varie selon les différentes industries : les unes n'admettent que le prix à la pièce, d'autres que le prix à la journée, plusieurs les admettent simultanément. Les prix doivent être égaux pour tous les ouvriers d'une même industrie, entre lesquels ne distingue pas l'association, qui les suppose de force et de capacités égales. Elle n'accepte, d'ailleurs, que des membres ayant passé leur apprentissage. Par contre, elle ne permet aux patrons d'employer qu'une proportion donnée d'apprentis. Plusieurs associations, celles des filateurs entre autres, vont même jusqu'à interdire l'emploi à prix réduit des apprentis, pour lesquels ils exigent le payement intégral d'une journée d'homme.

Un ouvrier entre dans une Société de secours mutuels ou dans une Trades' Union, selon les hasards de la camaraderie et les affinités de son caractère. Du reste, les Unions n'admettent pas le premier venu; elles entendent n'enrôler que des travailleurs d'une capacité et d'une moralité reconnues. Leurs membres, loin d'être, comme leurs ennemis l'ont prétendu, le rebut et l'écume de leur métier, en sont plutôt l'élite. Nous extrayons d'un excellent article de *Westminster Review* (octobre 1861), le témoignage porté par l'architecte M. Marsh Nelson sur les associations, avec lesquelles il était journellement en contact :

« Les règles établies par les ouvriers, pour le maintien de l'ordre et de la sobriété, sont vraiment excellentes. C'est à ces règlements, dont l'infraction est punie par des amendes ou par l'exclusion du contrevenant, qu'il faut attribuer la tranquillité qui a succédé au tapage et à l'ivrognerie du samedi soir. — Depuis leur groupement en sociétés, la conduite des ouvriers en construction de Londres a fait d'immenses progrès. Ils ne franchissent plus le seuil des *workhouses* et les cas de malhonnêteté sont devenus très-rares. L'Union des maçons a établi des règles qui sont un véritable chef-d'œuvre et se rapprochent de l'admirable système pratiqué en Allemagne, chez les compagnons voyageurs. Les maçons se sont déjà groupés (6 octobre 1859) dans plus de 200 localités diverses. Parmi eux, quiconque forfait à la sobriété, à la décence, ou à la moralité, est puni ou expulsé de l'association; car, disent-ils dans leurs statuts, leur désir est de se rendre dignes de l'estime de tous les honnêtes gens. »

Les administrateurs de ces sociétés ouvrières sont élus par le suffrage universel; mais il est de règle de ne pas les laisser vieillir au pouvoir par plusieurs excellentes raisons, dont voici les principales: intéresser le plus de personnes possible à la bonne gestion des affaires communes, en forçant le plus de monde à s'en occuper; — prévenir ou apaiser les conflits entre la gérance et ses commettants; — donner au pouvoir exécutif des juges compétents, — maintenir la sincérité du pouvoir représentatif, qui étant un compromis, pourrait glisser facilement dans l'un ou l'autre extrême, soit dans l'anarchie, soit dans le despotisme individuel. — Les pouvoirs des administrateurs sont du reste très-bornés, et pas besoin n'est d'un talent hors ligne pour exercer ce mandat. On ne demande aux gérants que de l'honnêteté, de l'activité, du bon sens, et beaucoup de patience; d'ailleurs, si un administrateur se rendait coupable de quelque improbité ou de quelque indélicatesse, il serait déposé promptement et sans grande cérémonie. Tous les témoignages recueillis par le Comité de la *Société pour l'avancement des sciences sociales* en Angleterre, ont établi de la façon la plus péremptoire que, loin de fomenter les disputes et d'établir des foyers d'agitation, le pouvoir exécutif de ces associations remplit essentiellement la fonction de nos conseils de prud'hommes et de nos juges de paix, occupé qu'il est à empêcher des querelles entre ouvriers, et entre ces derniers et leurs patrons. Loin de se proposer des grèves, qui ont pour résultat de dévorer leurs ressources, il tâche autant que possible de les prévenir; car la grève est pour les ouvriers une calamité dix fois, cent fois plus cruelle qu'elle ne l'est pour les fabricants. Depuis la consolidation des Trades' Unions, le nombre des grèves a énormément diminué, mais, très-malheureusement, leur importance s'est accrue d'autant; une grève d'aujourd'hui prenant immédiatement des proportions qui auraient semblé impossibles autrefois. — En 1853, on vit à Liverpool 5,000 hommes abandonnant leurs chantiers pour faire porter leurs journées à 5 francs. A Stockport, 20,000 ouvriers quittèrent leurs filatures le même jour; ils demandaient à la fois une augmentation de 10 % sur leurs gages, et une diminution des heures de travail. Dans le pays de Galles, 6,000 mineurs se mirent tout d'un coup en grève, demandant une augmentation de 15 % sur leurs salaires, que les propriétaires leur accordèrent en voyant ces 6,000 ouvriers, puis 2,000 autres, faire leurs préparatifs de départ pour émigrer en Australie. — A Manchester, les policemen se mirent simultanément en grève, au grand embarras des autorités qui préférèrent céder immédiatement. — Quelques semaines plus tard, le mouvement se répandit sur toute la contrée et gagna Nottingham, Hull et Bristol. Les charpentiers de tous les grands chantiers maritimes de la Clyde, de la Tamise et de la Wear, se mirent en grève. Une étincelle, tombant là-dessus, eût pu allumer une guerre sociale, — l'étincelle ne tomba pas.

On est généralement loin de soupçonner l'importance des sommes confiées au pouvoir exécutif des Associations ouvrières. Pour ne citer que deux exemples, la somme encaissée en 1861 par l'Union des maçons a dû s'élever à 400,000 francs environ. — En 1858, les Mécaniciens Réunis dépensèrent un million et demi de francs, sur deux millions et un quart qu'ils avaient à leur disposition. — D'aussi fortes sommes sont fournies par de pauvres prolétaires et gérées par des mains calleuses, avec une prudence, une exactitude et une probité qui feraient honneur aux gérants grassement payés des banques et des puissantes compagnies industrielles. Il faut remarquer, en outre, que les Trades' Unions étant considérées comme des sociétés commerciales, n'ont pas la faculté de se faire enregistrer, selon les dispositions de la loi sur les Sociétés de bienfaisance (*Friendly societies' act*), et n'ont d'autre sauvegarde que la moralité de leurs administrateurs. — L'insinuation si souvent répétée que ces derniers grugent leurs camarades et abusent de la confiance qu'on leur témoigne déshonore ceux qui la mettent en avant. « Il en coûterait cher de jeter des doutes sur l'honorabilité d'un M. P. ou d'un banquier, s'écrie *Westminster Review*, mais l'on suppose sans doute que les ouvriers sont moins délicats ou moins susceptibles. » — Et voici comment s'exprime une lettre adressée au *Times* (*Letter of eight gentlemen*) :

« Les ouvriers quittent leurs ateliers pour prendre place au comité exécutif. La plus haute indemnité qui leur soit allouée équivaut au prix de leur journée payée en fabrique ; beaucoup se contentent de moins, personne ne reçoit davantage. En aucun cas, le pouvoir ne doit être une source de profit. » Et le *meneur* (le *leader*) de la fameuse grève de Preston répondait en ces termes, aussi dignes que sévères, à Sa Seigneurie lord Brougham : « Les dix membres du Comité et moi, nous avons reçu un mandat de confiance absolue; pendant les trente-neuf semaines qu'a duré la grève, 2,400,000 francs ont été distribués en secours à 17,000 ouvriers et à leurs familles. Au milieu des pénibles souffrances que nous eûmes à endurer, notre gestion n'a été l'objet d'aucune plainte, d'aucun murmure. Nous avons rendu compte de chaque pièce de monnaie, nos livres étaient ouverts à un chacun, et sollicitaient l'inspection la plus minutieuse. Et la confiance que nos camarades nous témoignaient, ils nous la continuent encore aujourd'hui. De quel droit nous qualifie-t-on de « brouillons malhonnêtes, » alors surtout que nous ne sommes pas là pour répondre ? »

Intelligente ou absurde, admirable ou funeste, cette grève de Preston fut conduite avec une persistance et une force de sacrifice qui rappellent le mouvement héroïque des ouvriers de Paris venant mettre trois mois de misère au service de la République. Certes, nous ne sommes pas les admirateurs quand même de l'Angleterre, cette vivante énigme : sa froide cruauté à l'égard des Irlandais, des Chinois, des Indous, nous a souvent frappés d'horreur, et cependant, nous tressaillons d'émotion en songeant à maint acte de grandeur et d'héroïsme dont elle nous a rendus témoins.

C'est le *Birkenhead*, ce navire sombrant avec 700 soldats à bord. Une irrésistible voie d'eau s'était déclarée. On embarqua dans les chaloupes les femmes et les enfants avec quelques matelots choisis, les hommes se rangèrent par escouades et par compagnies, puis ils se recueillirent pour mourir. Les uns priaient à voix basse, d'autres, tranquilles et forts, se faisaient leurs adieux. Le ciel était pur, le soleil était splendide, un silence majestueux et terrible planait sur l'Océan. Debout et sans mot dire, ils regardaient l'eau monter ; l'eau les atteignit ; l'eau les submergea ; le navire s'engouffra dans l'abîme, puis les flots clapotant se rejoignirent en écume blanche, et des cercles ondulèrent au loin dans la plaine bleue. — Des marins du *Vengeur* préférèrent couler à fond plutôt que d'amener le drapeau tricolore, et, lâchant une dernière bordée, ils disparurent dans un tourbillon de feu, de vagues et de fumée, au bruit du canon retentissant et au cri suprême : *Vive la République!* Les marins du *Vengeur* furent grands, dans une grande cause; cependant la mort silencieuse et résignée des marins du *Birkenhead* témoigne peut-être d'une âme mieux trempée, et d'un héroïsme plus rare encore.

Et les mineurs de New-Hartley ! Un éboulement les avait ensevelis dans les entrailles de la terre ; ils n'avaient plus d'air, ils étouffaient, les lampes s'éteignaient, le grisou les envahissait. Quand on put pénétrer enfin dans la lugubre caverne, on trouva deux cents cadavres gisant sur le sol : les parents, les amis s'étaient groupés ensemble, plusieurs se tenaient embrassés, d'autres se tenaient encore la main. Quelques lignes écrites au crayon apprirent que jusqu'au dernier moment on s'était exhorté, on avait prié à haute voix et que dans ces affreuses ténèbres on avait chanté des cantiques !

Donc à Preston, durant neuf mois et pendant un terrible hiver, dix-sept mille ouvriers, soit avec leurs familles, soixante à soixante-dix mille personnes, ont souffert la famine. C'était une terrible armée ; les plus terribles à voir étaient les plus faibles, *ceux qui marchaient pâles et* exténués, ceux qui souffraient et ne disaient mot. — Chose extraordinaire ! et qui montre combien l'ouvrier s'est développé et combien les masses populaires ont appris à se contenir : ces multitudes, dans lesquelles fermentaient à la fois tant de faim et tant d'oisiveté, tant de colères, tant de forces matérielles et tant de désespoir, ne commirent aucune violence, ne brisèrent aucune machine et n'incendièrent aucune usine. Nulle plainte sur la voie publique, nulle violence, nulle menace; les ouvriers attendaient toujours et semblaient dire aux fabricants : « Nous luttons avec notre nécessaire contre votre superflu. Nous risquons notre vie et plus encore; dans cet enjeu, vous exposez votre amour-propre et votre *fortune*; *mais nous, nous exposons la vie de nos* femmes et de nos enfants! »

Appréciant parfaitement la gravité des circonstances, les maîtres réorganisèrent leur propre coalition locale sur une très-vaste échelle et firent appel aux usiniers du dehors. Ils furent si bien entendus que dans le seul district de Burnton, la grève de Preston avait trouvé des imitateurs, cinquante-sept manufacturiers conclurent un traité, par lequel, sous peine d'une amende de 50,000 fr., chacun d'eux s'engageait à fermer tous ses ateliers, si les travailleurs ne rentraient pas immédiatement dans les deux fabriques qu'ils avaient désertées. Les gens de Burnton furent intimidés, mais ceux de Preston tinrent bon; ils se rassemblaient de jour en jour, de semaine en semaine, ils ne levaient leurs séances qu'au cri de : « Dix heures et pas de capitulation! »

Il se forma une association de maîtres manufacturiers, sous le nom de : « *Masters spinners' and manufacturers' Defence Fund.* Un comité fut élu, investi de pouvoirs discrétionnaires; pour secrétaires on lui donna deux hommes de loi, deux avoués chargés de correspondre avec d'autres associations d'usiniers. On calcula quelle était la somme nécessaire aux patrons pour tenir leurs ateliers fermés, et cette somme leur fut payée *régulièrement de semaine en semaine*, au moyen de contributions volontaires levées parmi les grands industriels et la haute bourgeoisie du pays.

Les ouvriers s'adressèrent à lord Palmerston, implorant sa médiation dans ce terrible conflit. Son Excellence répondit, comme de juste, que l'affaire de Preston ne le regardait en rien, et que le taux des gages ne devait pas être fixé par le Gouvernement, mais par le rapport de l'offre et de la demande sur le marché du travail.

A leur tour, les patrons s'adressèrent à lord Palmerston pour lui demander une démonstration militaire, et, comme de juste, Son Excellence répondit immédiatement par l'envoi d'une troupe de soldats.

Les ouvriers se tournèrent alors vers la *Société des arts et métiers* qui voulut bien accepter le rôle de conciliatrice. On convoqua en conférence les personnages les plus distingués de l'Angleterre, et les plus compétents sur les questions industrielles; les délégués de plusieurs chambres de commerce se rendirent à l'invitation, ainsi que lord Stanley, M. P. vicomte Goderich, M. P., vicomte Elmsley, sir William Clay, reverend Maurice, Thornton Hunt, George Holyoake et Ernest Jones. Patrons et ouvriers avaient été convoqués pour exposer contradictoirement leurs griefs dans ces assises du travail; à ces nouvelles conférences du Luxembourg anglais, apparurent les délégués des Trades' Unions, des filateurs, des vitriers, des chapeliers, des tisserands, des camionneurs, des tailleurs, etc., leur nombre était légion. Mais de délégués de la partie adverse, personne ne parut; de ce beau projet de conciliation solennelle, il ne résulta qu'une mystification de plus.

Un mois après avoir fait avorter des conférences, l'association des patrons fit offrir la réouverture des ateliers, moyennant retour au *statu quo*. Refus des ouvriers.

Les autorités municipales de cette pauvre ville de Preston que ces discussions avaient à demi ruinée, offrirent alors leur médiation; mais déjà sûrs du succès, les fabricants la refusèrent, déclarant catégoriquement qu'ils n'accepteraient « aucun intermédiaire entre eux et leurs gens. » Cependant la victoire tardant à venir, les maîtres songèrent en ce moment à appeler dans leurs fabriques des hommes du dehors. Des agents furent expédiés en Irlande, dans les comtés agricoles de l'Angleterre, et jusqu'en Belgique.

Mais les ouvriers rendirent coup pour coup. Ils envoyèrent, de leur côté, des agents à Liverpool, à Fleetwood, à Manchester et en d'autres endroits pour exhorter leurs camarades à ne pas trahir la cause; leurs orateurs parcoururent les campagnes. Un jour, une grande troupe d'Irlandais embauchés pour Preston, furent reçus à leur débarquement à Fleetwood par le représentant des ouvriers, qui les harangua avec tant d'éloquence, que ces braves Paddies rebroussèrent chemin et se rapatrièrent par le premier navire. Des orateurs apostrophaient les nouveaux venus aux débarcadères des chemins de fer, et leur exposaient si pathétiquement l'état des choses, que presque toujours les arrivants se laissaient payer le voyage de retour. Bref, les filateurs durent abandonner leur projet de remplacer leurs employés récalcitrants par des étrangers qu'ils auraient tenus sous la main.

La situation devenait cependant absolument intolérable pour les ouvriers qui avaient épuisé déjà toutes leurs ressources. Ils prirent donc leur courage à deux mains et adressèrent une nouvelle supplique à lord Palmerston, qui, avec l'ironie hautaine qu'on lui connaît, se borna à répondre que « des considérations morales n'avaient rien à faire dans cette question. »

Les maîtres manufacturiers ayant envoyé à leur tour un nouveau mémoire, le *Premier* eut recours à toute autre chose qu'à « des considérations morales. » Il envoya au préalable de nouveaux soldats à Preston, puis interdit le droit de réunion, et fit arrêter George Cowell et six autres des principaux meneurs du mouvement, qu'on envoya dans les prisons de Liverpool, comme prévenus du crime de *conspiracy*, ou de conjuration. Certainement oui, Cowel et consorts s'étaient conjurés, ils s'étaient coalisés, mais avaient-ils été les seuls à le faire?

La partie était devenue par trop inégale. Les ouvriers ne pouvaient répondre que par l'insurrection et la guerre civile, mais ils n'en voulurent pas, et bien firent-ils. Donc, ils s'avouèrent vaincus ; en frémissant, ils courbèrent la tête, et acceptèrent les conditions qu'il plut à leurs vainqueurs de leur imposer.

Il faut le dire, on ne trouverait pas facilement dans la presse anglaise un exposé de la question aussi favorable aux vaincus, c'est-à-dire aussi impartial que celui qui précède. Par les grèves, les associations ont menacé trop sérieusement de puissants intérêts pour qu'on les envisageât avec modération, elles ont affecté trop notablement les bénéfices nets des entrepreneurs, pour n'être appréciées qu'à un point de vue strictement scientifique et désintéressé. A entendre le *Times*, l'histoire des grèves et des Trades' Unions est le développement invariable du thème suivant :

« De rusés fainéants organisent une masse imbécile en associations » dans lesquelles s'incorporent les chartistes d'hier et les radicaux » d'aujourd'hui, des gâte-sauce politiques flanqués de leurs dignes » collègues, les athées et les sécularistes. Les non-unionistes, c'est-à- » dire les artisans restés en dehors, sont des sujets pieux, dociles, » loyaux et rangés, mais quant aux unionistes, gens turbulents, » grossiers, ivrognes et débauchés : *they are all low people, Sir !* — Ces » agitateurs de profession, grassement payés par leurs dupes, remuent » toutes ces graves questions de salaires, de participation aux bénéfices, » de subsistances, de concurrence faite au travail humain par le travail » mécanique, toutes redoutables difficultés avec lesquelles ils sont tou- » jours sûrs d'émouvoir une masse ignorante. Au moment voulu, ces » émeutiers lancent dans les multitudes le brandon de la discorde et » soulèvent les employés contre leurs employeurs, ces derniers étant » tous, ou à peu près, des philanthropes éclairés, imbus des plus saines » doctrines industrielles.

» Il est évident que sur la question de machines, par exemple, les » fabricants ne peuvent ni ne doivent céder ; ils ne peuvent, pour com- » plaire à des prétentions barbares, renier le principe même de la » civilisation, et leurs intérêts les plus évidents qui sont en définitive » identiques aux intérêts des travailleurs eux-mêmes.

» Ils ne peuvent pas non plus céder sur la grande question des salai- » res, l'objet principal en litige. Les gages sont généralement équitables » et suffisants; ils sont du moins aussi élevés que faire se peut, sans » mettre le manufacturier en perte. Les ouvriers tendent à l'égalisation » des prix, ils désirent un tarif uniforme pour tous les départements » d'une même industrie : les patrons, tout au contraire tendent à la » différentiation des prix de main-d'œuvre, en raison des avantages » ou des désavantages propres à chaque localité, et de mille circon- » stances diverses. D'ailleurs, les bénéfices ne laissent point une marge

» pour qu'on y puisse tailler en plein des augmentations de salaire.
» Quand un fabricant travaille en grand, et, à plus forte raison, quand
» il travaille en petit, le bénéfice net se compose peut-être de la diffé-
» rence de 10 centimes par kilogramme entre le prix de vente et le
» prix de revient. S'il fallait payer quelques centimes de plus le kilo-
» gramme de matière première; si, par l'augmentation des salaires dans
» toutes les industries, il fallait payer 1 franc de plus pour la tonne de
» houille, 2 francs de plus pour la tonne de fer; s'il fallait payer davan-
» tage aux camionneurs, et aux chemins de fer et aux courtiers, la fabri-
» cation serait en perte au lieu d'être en bénéfice.

» Les demandes étant déraisonnables, les événements en font justice,
» et les ouvriers sont écrasés par la force des choses plus encore que
» par celle de leurs maîtres. Les grèves amènent d'immenses désastres
» sur les coupables ; elles réduisent des milliers de familles à une misère
» atroce, et font perdre en salaires des millions de livres sterling ; elles
» font perdre en bénéfices d'autres millions qui auraient été employés
» derechef à payer de nouveaux travaux. En s'insurgeant contre le taux
» de leurs salaires, les prolétaires s'insurgent contre leur estomac, et
» force doit rester au capital, au fabricant et à la faim ! »

Et *Master Punch* égaye de son esprit les dissertations du *Times* ; il fait de la science charivarique au profit du gros public. Tantôt, c'est un ivrogne rentrant en chancelant dans son taudis : il regarde d'un œil stupide sa femme éplorée, ses enfants déguenillés, ses filles laides comme le péché. Tel est le *home*, le foyer de l'unioniste. — Tantôt c'est un misérable au ventre concave implorant la pitié d'un ventre convexe. Une légende explique aux intelligences obtuses : l'homme maigre, c'est le méchant travailleur qui fait grève, et cette espèce de monsieur gros et gras, charnu, dru et dodu, c'est le sujet rangé, moral et soumis au chef d'usine. Telles sont les significations qu'on a presque réussi à inculquer aux mots de grèves et de Trades' Unions ; elles ne sont pas exactes, mais, en revanche, elles sont très-simples et généralement admises.

La question ainsi posée, ne peut pas aboutir. Au reproche de *brutalité* qu'on lui a maintes fois adressé, la classe ouvrière a rétorqué par le mot de *perversité*. C'est ainsi que l'on voit deux enfants se disputer, l'un criant à l'autre : « Méchant, va ! » et le second répliquant : « Méchant toi-même ! » — Ah ! combien notre société, dite civilisée, est loin d'avoir réalisé l'harmonie entre tous les intérêts ! — Les belligérants ressentent plus que de raison leurs torts réciproques ; s'exagérant l'hostilité qui règne entre l'acheteur et le vendeur, ils passent légèrement sur les conséquences redoutables d'un conflit. — Le moraliste doit mettre encore en ligne de compte le fatal entraînement de la lutte qui, entreprise pour un motif d'intérêt prétendu, continue pour l'assouvissement de l'orgueil, et finit par une ruine commune.

L'Association se flatte souvent de triompher par le nombre d'hommes qu'elle peut mettre en ligne de bataille. En cela, elle se trompe grandement; car sa plus grande faiblesse provient de ce qui, au premier abord, semble faire sa force. Une coalition de dix mille pauvres, dont l'intelligence et les ressources matérielles sont inévitablement fort diverses, sera facilement rompue par une coalition de dix riches qui sont unis par la communauté de position et d'intérêts, et surtout par un égal degré d'intelligence. — La logique des choses, les besoins impérieux du ventre qui n'a point d'oreilles, et — ce qui est infiniment plus puissant encore;— les pleurs d'une femme en détresse, et les gémissements d'enfants que la faim jette à la fièvre ou livre à la consomption, ces affreux vampires, pousseront toujours les nécessiteux à se faire concurrence les uns aux autres, à louer leurs bras à vil prix, à vendre leur travail pour une quantité de nourriture insuffisante; par conséquent, à installer la souffrance à leur foyer. Entre le besoin pressant et immédiat, et le remède qui opère lentement, c'est la nécessité présente qui fatalement l'emporte. *Poverty must always sell itself*. Traduisez : « La misère mène à l'esclavage.

Les économistes du coin du feu ont donc beau jeu à théoriser sur la question des salaires, qui, prétendent-ils avec lord Palmerston, se balance uniquement par le jeu de l'offre et de la demande, comme par un mécanisme automoteur, le fabricant et son employé entrant dans la relation réciproque d'un acheteur et d'un vendeur de travail. C'est vraiment dommage que cette relation réciproque ait été viciée elle-même dès l'origine. C'est bien dommage pour la théorie, qui serait parfaite, si elle ne négligeait un tout petit détail pratique : à savoir, que la misère, rien que la misère, pèse sur un des plateaux de la balance. On compare le *labour market*, ou marché du travail, au marché de draperies et rouenneries; mais l'on oublie que l'offre et la demande ne s'y présentent pas dans les mêmes proportions, s'il y a comparativement plus de vendeurs que d'acheteurs de drap, il y a par contre, moins de fabricants acheteurs de travail que d'ouvriers vendeurs de travail. Ces engagements, qui liaient les fabricants de Preston, par des clauses de dédit considérable, étaient vraiment des précautions de luxe et de surcroît. Adam Smith le remarquait déjà : « Par un accord tacite, par un accord que l'on retrouve partout et toujours, les patrons se prémunissent contre l'augmentation et se coalisent pour l'avilissement des salaires. De cette coalition personne ne parle, précisément parce qu'elle est universelle. » (*Wealth of Nations*, vol. 1, p. 8.) Les fabricants ne voudraient pas gâter un métier, qu'ils aiment, et pour lequel ils savent se dévouer au besoin. Sans aller bien loin chercher des exemples, nous nous rappelons que, dans la grève de 1859, des entrepreneurs ont déclaré vouloir faire plutôt dix fois banqueroute, que d'accéder aux demandes (raisonnables) de leurs maçons, et ils ont fait banqueroute !

La misère est donc un des éléments de la question, élément que, sous prétexte de science pure, on n'a pas le droit de négliger. A un *meeting* pour l'avancement des sciences sociales, où l'on débattait la question de savoir si le travail est une richesse ou non, un gentleman émit l'ingénieuse idée que le « *travail vivant* (!) » ne se distinguait du travail mécanique ou même d'une marchandise que par la faculté qu'il avait d'être obéissant ou rebelle. Ce monsieur n'avait sans doute jamais été obligé de s'apercevoir que la force humaine ne s'emmagasine pas comme celle d'une machine à vapeur. La force physique n'est pas disposée dans un coin de l'estomac pour en être retirée à volonté et à certaines heures. Le manœuvre doit manger ou mourir, ce qui est assurément chez les pauvres une grave imperfection organique. Donc le vendeur de travail ne peut conserver sa force indéfiniment par devers lui jusqu'à ce qu'il en obtienne un bon prix. Le fabricant peut fort bien attendre toute une année pour toucher le pourcentage de son capital industriel, mais un estomac doit renouveler toutes les vingt-quatre heures son capital alimentaire.

L'ouvrier se présente sur le marché, mais à moins d'avoir les ressources de l'Association derrière lui, il doit se défaire de son travail immédiatement, parce que sa force décroît et se déprécie d'heure en heure ; il doit s'en défaire et ne pas trop marchander, parce que derrière lui se tient son camarade prêt à accepter pour son propre compte. Certes, il y a trop de travailleurs. Non que le travail manque et puisse manquer, mais la répartition des produits se fait de la façon la plus injuste et la plus désastreuse. — Qu'on nous permette de citer à ce sujet quelques paroles de John Stuart Mill, le plus grand économiste vivant de l'Angleterre :

« J'avoue n'être nullement enthousiaste de l'idéal qu'on nous présente » de compétition à outrance. Je ne puis croire que notre état normal » soit de nous exterminer pour défendre notre vie, de nous pousser du » coude, de nous marcher sur les talons, de nous renverser, de nous » fouler aux pieds, de nous écraser les uns les autres. Cet état de » choses, qu'on donne comme le type idéal de la société, je le considère » comme fort peu satisfaisant, et comme une pénible phase de notre » progrès industriel... Quand on envisage la question à ce point de vue, » l'on est comparativement indifférent à la simple accumulation de pro- » duits qui est le dernier mot de nos grossiers systèmes. Il est bon » qu'une nation ne soit pas en arrière sur la production de ses voisines ; » mais la production en elle-même est chose de peu d'importance, » si quelque motif empêche d'en tirer parti. Pourquoi, je le demande, » féliciter un riche, qui l'est déjà trop, de ce qu'il est devenu plus » opulent encore ? pourquoi s'applaudir de l'augmentation du nombre » des oisifs, se livrant à des prodigalités improductives ? Dans les pays » arriérés et barbares, on se préoccupe de l'augmentation des produits ;

» dans les nations plus avancées, l'objet de la science est une meilleure » distribution des richesses. » *Political Economy*, vol. II, p. 319. Voilà de profondes paroles qui devraient servir de préface à l'économie politique moderne !

Nous disions qu'il y a trop de travailleurs pour la répartition qui est faite de leurs produits; il y a donc trop de population dans nos vieux pays conservateurs de vieilles civilisations. A ce propos, longtemps nous avons cru, contrairement à la loi de Malthus, que la production des subsistances pouvait croître plus vite que la population, c'est-à-dire que si deux produisent pour deux, trois travaillant en harmonie pouvaient, avec la division du travail, produire pour trois et pour un en sus. — Nous le croyons encore, mais comme vérité théorique seulement, et d'une application erronée tant que nos sociétés suivront leurs errements actuels, basés sur la protection du travail national, la tutelle gouvernementale, la fameuse balance du commerce, et autres sophismes dont les plus gros ont acquis force d'axiome : « L'intérêt du vendeur est contraire à celui de l'acheteur. — Les affaires, c'est l'argent des autres. — Les nations doivent vendre énormément et acheter aussi peu que rien. — Un homme est d'autant plus riche que ses voisins sont plus pauvres.» — Dans son remarquable article sur les grèves, M. le professeur Baseley raconte avoir entendu un jeune *Curate* catéchisant ainsi sa congrégation rustique sur le texte de l'Évangile : « Vous aurez toujours des pauvres avec vous. » — « Admirez, s'écriait-il, la sagesse de la Providence ! Elle prend soin de ne pas laisser le pays manquer de pauvres; car si nous n'avions pas de misérables, qui, je vous le demande, prendrait la peine de labourer? Et nous ne pourrions plus manger de pain ! »

Bien plus, des formules dites scientifiques ne résoudront pas un problème compliqué de passions.

L'intérêt n'est pas tout, quoiqu'il soit bien puissant et que certains le proclament le seul motif des actions humaines. Au dire de M. Dunning, toutes les institutions des nations civilisées pivotent sur le fameux 5 % d'intérêt; 10 % attireront le capital n'importe où; 20 % produiront zèle, ferveur, sollicitude; 50 % inspireront hardiesse et vaillance; 100 % *un homme foulera toutes les lois humaines et divines, mais à* 300 % il n'est, dit-il, pas de crime qu'on ne commette, de risque qu'on ne veuille encourir, même celui d'être pendu ou écartelé ! — N'en déplaise à M. Dunning, il est une chose plus forte encore que la soif du lucre, c'est la soif de la domination à laquelle, le cas échéant, on sacrifierait mille fois son intérêt. L'esprit d'orgueil et d'ambition a fait des martyrs comme en fait le dévouement; on a vu des hommes se jeter pour leur caste dans la perdition, sacrifier leur fortune et les intérêts de leur famille. Et le semblable engendrant le semblable, qu'y a-t-il d'étonnant à ce que l'esprit de domination ait amené par réaction l'esprit de révolte, de colère et de vengeance qui, lui aussi, a produit ses martyrs, c'est-à-dire ses fanatiques? — Grâce à l'esprit de fraternité humaine, qui a toujours subsisté *entre employeurs* et *employés*, *quoi qu'on ait pu dire*, *et quoi qu'il ait pu sembler*; grâce à l'entente des intérêts communs, ni d'un côté ni d'autre, on n'a jamais poussé l'antagonisme jusqu'à l'extrême, car il ne faudrait pas, — qu'on veuille bien y réfléchir, — il ne faudrait pas beaucoup de mauvaise volonté de part et d'autre pour désorganiser de fond en comble toutes les conditions actuelles de la production! Si cet épouvantable malheur ne nous a pas accablés; si lentement nous émergeons hors du patriarcalisme, du servage et de la féodalité; si le bien-être augmente et se généralise sensiblement, c'est qu'après tout, les uns et les autres pratiquent la grande solidarité humaine davantage qu'ils ne la comprennent peut-être!

Mais il est malsain de parler des choses malsaines. Laissant de côté ces tristes considérations, revenons à l'examen général de la situation, à la simple appréciation des faits, et, par manière de transition, vidons dès l'abord la question extérieure.

— Est-il vrai que les Trades' Unions aient un but, ou du moins une arrière-pensée anti-gouvernementale? — Généralement non. Les fondateurs et promoteurs de ces associations ont pour la plupart des opinions avancées; l'on rencontre parmi eux d'anciens *Chartistes*, des disciples de Robert Owen; mais dans leurs réunions officielles, ces mêmes individus s'abstiennent scrupuleusement de toute ingérence politique.

Autre observation. — La question sociale et la question politique pourront-elles, en Angleterre, rester longtemps isolées comme elles le sont aujourd'hui? — Certainement non. Si les prolétaires réussissent à se procurer une meilleure instruction et un plus grand bien-être matériel, le contre-coup de ce changement se fera nécessairement sentir dans l'ensemble de leurs conditions sociales: l'indépendance matérielle produit l'indépendance politique, tout aussi naturellement qu'un germe végétal produit tiges et feuilles. Mais nous aurions tort de discuter ici une question que se réserve l'avenir; il nous suffit de savoir qu'à l'heure présente, la classe ouvrière n'a pas de préoccupations foncièrement politiques. Nous le voyons bien par l'apathie avec laquelle elle a laissé passer les récents projets de *Reform-bill*. A vrai dire, elle est indifférente à l'égard de la Royauté, incrédule à l'égard du Parlement. Elle se croit trop pratique pour s'occuper d'avantages si lointains, et ne veut s'attacher encore qu'à son intérêt le plus immédiat: la vie matérielle.

Constatons un second fait. Il est trop vrai que même en ces derniers temps, des ouvriers se sont plus d'une fois révoltés contre les lois du progrès économique, en se mettant en grève pour empêcher l'introduction de machines perfectionnées. Ainsi, en 1859, un constructeur de Liverpool, qui avait acheté du cuivre perforé à la mécanique pour le doublage des navires, se vit obligé de livrer son cuivre aux foreurs, qui, prétendant avoir seuls le droit de le travailler, se firent ainsi payer un ouvrage auquel ils n'avaient pas touché. — Nous apprenons que, tout récemment, des manufacturiers de Sheffield ont déclaré ne pas oser introduire dans leurs ateliers une certaine machine qui, imitant la plupart des mouvements exécutés à la main dans la fabrication des limes, aurait permis de produire cet article à bien meilleur marché. Le résultat de ce refus, sera probablement de transférer tôt ou tard à Manchester le centre de cette fabrication. — Les corsetières de Kettering se mirent dernièrement en grève pour empêcher l'introduction de machines à coudre dans leur industrie ; et la sympathie qu'elles ont excitée fut si générale, que leur grève fut soutenue par des souscriptions provenant de la manufacture même des machines à coudre.

Dans sa lutte contre le capital, le travail n'a pas été invariablement vaincu, ainsi qu'il a été affirmé dans quelques plaidoyers. Aux exemples déjà produits du contraire, nous en ajouterons quelques autres dans un but purement historique. Ainsi nous mentionnerons la double grève en 1848 des ouvriers en bâtiment, pour obtenir la fermeture de leurs chantiers, le samedi à partir de quatre heures du soir, et pour une augmentation de paye de douze sous par jour. Preuves encore : l'issue en 1859, des grèves des constructeurs de navires, sur les chantiers de la Tyne et la Wear, des cordonniers de Northampton et des ouvriers en construction de Dublin. Il est aussi arrivé que battus dans une première grève, les ouvriers ont fait de nouvelles propositions, que les maîtres se sont hâtés d'accepter, peu soucieux de remporter une seconde victoire, qui aurait pu leur coûter aussi cher que la première. Dernièrement, on a pu lire dans nos journaux de Paris l'entre-filet suivant :

« On craint à Londres une grève dans la boulangerie. Les *geindres* de Londres travaillent quinze heures par jour ; ils voudraient pour le même salaire ne travailler que douze heures. Cette prétention est à coup sûr fort raisonnable, surtout quand on considère leur pénible labeur et l'insalubrité de leur métier, qui est, entre parenthèses, un des plus malpropres qui existent. Pourquoi cacher ce déplorable fait, quand il existe des pétrins Boland, des pétrins Rolland, des pétrins mécaniques de toute espèce ?

» Les journaux anglais donnent généralement tort aux patrons, qui semblent ne vouloir accorder aucune concession. Les habitants de Londres se réveilleraient-ils un jour sans avoir le moindre petit pain à se mettre sous la dent ? Cela pourrait bien arriver.

» Il y a quelques années, les cochers de Londres s'étant mis en grève pendant vingt-quatre heures, il ne circula dans l'immense capitale aucune voiture publique. On peut se figurer la perturbation causée par cet accident.

Ce fut une véritable terreur. Les uns ne purent se rendre aux gares de chemins de fer; les autres manquèrent des rendez-vous d'affaires; les plus intrépides couraient dans les rues, et plongeaient dans les boues et dans les brouillards de Londres; car le fait se passait en hiver. Espérons pour nos voisins que s'ils ont pu manquer de voitures, ils ne manqueront pas de pain, et que les maîtres boulangers céderont à de justes réclamations. » Car, aurait pu ajouter le journaliste, les réclamations nous paraissent d'autant plus justes, que ceux qui les font sont plus en mesure de les appuyer.

Mais la grève des facteurs, ce fut bien autre chose! Comme on se hâta de faire droit à leurs demandes! Comme le *Times*, si hargneux d'ordinaire, prit sans coup férir la défense de ces humbles fonctionnaires, et fit de terribles articles contre ces gros bonnets du Post-Office! « Y pensez-vous? Nos lettres, nos journaux, nos traites sur la Banque, nos affaires, toute la circulation intellectuelle, industrielle, politique et sociale de la Grande-Bretagne suspendue, et cela pour quelques sous par jour, rognés sur la paye de quelques misérables facteurs? Allons donc! »

Il n'est pas exact d'affirmer qu'il serait impossible aux manufacturiers d'élargir la quotité des salaires. Cette quotité dépend, il est vrai, du prix de vente des objets fabriqués, et fluctue avec les cours du marché. La hausse des salaires est d'ailleurs contre-balancée par une hausse correspondante des objets de première nécessité. Sur une base aussi vacillante que celle d'une augmentation de salaire, il serait insensé de vouloir fonder le bonheur futur du peuple. Toute réserve étant faite sur le fond même de la question, il faut cependant en convenir, dans beaucoup d'industries, les patrons pourraient fort à leur aise rogner une part de leurs gains pour augmenter d'autant les salaires de la main-d'œuvre.

Dans la dernière grève, les entrepreneurs de Londres se sont montrés très-tenaces à l'encontre de leurs ouvriers; eh bien! il résulte de devis parfaitement établis que, lorsqu'il s'agit d'une maison ordinaire de Londres, un constructeur compte sur un bénéfice de 10 à 30 %, soit en moyenne de 20 %.

Supposons qu'une maison doive coûter 100,000 fr. :

Pour matériaux divers.	64,000 fr.
Pour frais de main-d'œuvre	30,000
Et pour intérêts à 6 %.	6,000

L'entrepreneur est engagé, les fondements de la maison sont creusés, les délais de livraison sont fixés, c'est le moment que prennent les ouvriers pour réclamer une augmentation de 10 % sur leurs salaires. Nous supposons l'entrepreneur obligé de passer par leurs conditions et d'emprunter 3,000 fr. à 6 %, pour les ajouter aux 30,000 fr. de salaire portés sur son devis primitif. La maison lui coûtera donc 103,180 fr. au lieu de 100,000 fr. En la revendant 120,000 fr., comme il le comptait, il ferait encore un bénéfice fort raisonnable de 16 %. Mais il ne faut pas être grand devin pour supposer qu'il tâchera de faire retomber tout ou partie de la différence entre 16 et 20 % sur le dos du propriétaire, qui le fera retomber à son tour sur le dos du locataire.

Il y a donc beaucoup à faire pour équilibrer les salaires d'industrie à industrie, et pour répartir d'une façon plus équitable les bénéfices entre le travail et le capital. Les salaires n'ont pas augmenté comme le prix des subsistances. D'une étude faite par M. John Holmes de Leeds, il résulte que, depuis 1810, les revenus des propriétés territoriales ont triplé et quadruplé; que, depuis 1830, les revenus des entreprises industrielles ont quintuplé et sextuplé, tandis que, dans les mêmes laps de temps, les salaires ont dans les manufactures à peine augmenté de moitié, et dans les campagnes, d'un tiers à peine. En conséquence, la mortalité des pauvres reste à peu près la même, tandis que la vie moyenne des riches augmente sensiblement.

Quoi qu'il en soit des avantages que peut procurer aux ouvriers une augmentation de leurs salaires, Preston nous donnera un triste exemple de ce que peuvent coûter les grèves, au moyen desquelles on veut se procurer cette amélioration.

On se rappelle qu'il s'agit du chômage de 17,000 ouvriers pendant trente-huit ou trente-neuf semaines. La perte en salaires s'élève environ à.	10,000,000 fr.
et ce chiffre n'est pas le plus fort de ceux qui nous ont été indiqués.	
La grève a vidé les caisses de diverses Unions, car elle a été largement appuyée par les autres industries. Ainsi les Mécaniciens réunis lui ont compté en une seule fois 75,000 francs. La grève a absorbé en secours une somme de	2,400,000
Les économies perdues, les objets abandonnés au Mont-de-Piété, les maladies, les détériorations de vêtements, de mobilier, provenant d'une misère prolongée ont dû se traduire par des pertes énormes. Dans l'impossibilité où nous sommes de les évaluer même approximativement, nous les indiquons ici pour mémoire.	
Ce qui nous donne en perte sèche pour les ouvriers, un minimum de	12,400,000

Si, comme on l'a généralement cru, les bénéfices réalisés à cette époque par les filateurs de coton, équivalaient aux gages qu'ils payaient en main-d'œuvre, cette grève leur aurait coûté en pertes de bénéfices une dizaine de millions; nous n'en portons que les trois-quarts.	7,500,000
La détérioration du matériel a été évaluée à. . .	1,200,000
La dépréciation de clientèle, à.	1,250,000
La perte d'intérêt à 6 °/ₒ sur le capital engagé, à. .	7,267,500
N'ayant pu en connaître le montant, nous portons ici les subventions des fabricants coalisés, *pour mémoire.*	
En outre, les marchands et aubergistes accusent une perte de.	281,000
Et les compagnies de chemins de fer, les camionneurs, les industries diverses.	250,000
TOTAL.	17,748,500 fr.

Nous croyons donc être assez près de la vérité en concluant que la grève de Preston a coûté à la chose publique une trentaine de millions, somme assez ronde. Nous n'appuyons pas sur le côté moral de cet immense désastre, que lord Palmerston trouvait tout à fait étranger à la question. Les souffrances de tant de milliers de créatures humaines ne sont pas affaire de statistique, nous le reconnaissons à regret. Mais qu'il nous soit permis de constater que cette expérience a coûté trop cher à l'Angleterre, et qu'il eût peut-être mieux valu faire donner par des maîtres d'école quelques rudiments d'économie politique aux enfants du peuple. Encore si cette leçon donnée à Preston était la seule! Mais il y en a tant d'autres; et il en faudra, peut-être, tant d'autres encore!

Pour nous rendre compte du prix de revient de quelques-unes des plus récentes grèves, nous empruntons à M. Watts les données principales du tableau qui va suivre. S'il est vrai que dans les manufactures anglaises à outillage perfectionné, le capital mis dehors, par tête d'ouvrier, s'élève à dix fois le montant du salaire annuel, une paye de 975 francs suppose un capital engagé de 9,750. Nous évaluons à 22 °/ₒ le rendement total de ce capital, soit 6 °/ₒ d'intérêt, et 16 °/ₒ de bénéfice brut, applicable à l'amortissement, aux frais généraux, etc. Disons-le expressément, les chiffres que nous transcrivons ici ne peuvent avoir aucune prétention à l'exactitude mathématique, vu qu'ils se rapportent à différentes industries dont le capital d'installation varie singulièrement. Tels quels, les chiffres ci-après ont été recueillis très-péniblement; les appréciations contradictoires pouvant varier de 1 à 3.

Pour ce qui nous concerne, nous avons généralement adopté une forte moyenne.

NOMS des VILLES.	NOMBRE DES		PERTE.			
	Ouvriers.	Journées de travail.	Montant des gages.	Subventions fournies par les Trades'Unions.	Intérêts à 22 0/0 sur le capital d'installation.	TOTAL.
Padiham ..	800	162,400	435,000	108,750	957,000	1,500,750
Clithero. ..	3,000	126,000	337,500	84,375	742,500	1,164,375
Blackburn.	40,000	840,000	2,250,000	562,500	4,950,000	7,762,500
Ashton....	22,000	924,000	2,475,000	613,750	5,445,000	8,533,750
Colne.....	1,500	525,000	1,406,250	351,550	3,093,750	4,851,550
Bolton.....	12,000	504,000	1,350,000	337,500	2,970,000	4,657,500
Londres... Ouvr. en bâtim.	10,000	1,820,000	8,125,000*	2,030,125	962,500	11,117,625
TOTAUX....	89,300	4,901,400	16,378,750	4,088,550	19,120,750	39,588,050

* La paye des ouvriers en bâtiment de Londres était de 20 shillings par semaine, et de 15 shillings dans toutes les autres localités mentionnées dans ce tableau.

Les sept grèves énumérées ci-dessus représentent donc à elles seules une perte en journées de travail équivalant à cent trente-six siècles; durée double de celle que les chronologistes vulgaires assignent à notre globe, depuis Adam et Ève; et une perte en espèces d'une quarantaine de millions avec lesquels on aurait pu se procurer un bon nombre d'hectolitres de blé. — Les mineurs de houille ont pendant les vingt dernières années dépensé en grèves quelque chose comme 6,250,000 francs. La grève des Mécaniciens Réunis a coûté une douzaine de millions en 1852. Pour avoir une évaluation de la perte totale, tous ces millions devraient être additionnés à la suite de tous ceux qui ont été dépensés dans une multitude de grèves locales dont personne n'a fait encore le relevé. Puis, en raison des pertes accessoires de diverse nature, la somme totale devrait être triplée ou décuplée, selon que l'évaluateur serait plus ou moins disposé au pessimisme. Vraiment, on se demande ce qui coûte le plus, des grèves, des grêles, des naufrages, des inondations ou des incendies. Des amateurs de statistique ont calculé que depuis le « glorieux avénement » des whigs en 1688, la Grande-Bretagne avait dépensé en guerres étrangères l'énorme somme de 75 milliards, et cela sans compter les budgets dits normaux de la guerre et de la marine, une bagatelle, comme chacun sait; une longue série de millions et de centaines de millions, aboutissant à des milliards. Ah! comme l'on gaspille l'argent dans notre pauvre monde!

Un mauvais arrangement est, on le sait, préférable à un bon procès, et la plus coûteuse des paix revient encore meilleur marché qu'une guerre triomphante. Quelques calculs montreront jusqu'à quel point la passion peut aveugler employeurs et employés, lorsqu'ils commencent par se battre pour faire la paix ensuite, et qu'ils remettent au noble jeu de *Qui perd gagne* de prononcer sur leurs différends.

En temps de crise, les patrons réduisent le nombre de leurs travailleurs. La fabrication manquant de débouchés, une quantité d'ouvrage restreinte et un salaire encore plus restreint, sont distribués en un plus grand nombre de mains. Par contre, les ouvriers désireux de faire augmenter leurs salaires, choisissent le moment où les commandes abondent pour réclamer un surplus de paye. Si le manufacturier ne veut pas s'y prêter, il s'expose à une grève, au moment où il aurait pu espérer les plus gros bénéfices; il risque de laisser inactifs ses capitaux de premier établissement, et son fonds de roulement, empruntés peut-être à d'onéreux intérêts. Des grèves se sont organisées pour des augmentations de salaire variant de 2 1/2 à 15 %. Supposons, pour rester dans la généralité des cas, qu'il s'agisse d'une demande en augmentation de salaire de 5 %. Les deux parties intéressées ne pouvant pas parvenir à s'entendre, en appellent aux hasards de la lutte. Voyons les conditions qui sont faites aux deux ennemis.

Les ouvriers réclamant une augmentation de 5 % sur leurs salaires

supposés de.	fr.	975 »
prétendent se faire payer.		1,023 75
Pour obtenir par mois.		85 31
au lieu de.		81 25

comme ci-devant, ils se mettent en grève, et ils jettent 81 *Tu les tiens*, pour 85 *Tu les auras, peut-être!*

Nous supposons que la grève dure un mois seulement. Nous la supposons victorieuse. Dans ce cas, les ouvriers, pour regagner seulement les 81 fr. 25 c. sacrifiés, devront travailler au tarif amélioré de 5 %, pendant vingt mois. Une grève de deux mois leur coûterait le travail de quarante mois, et ainsi de suite.

Nous concluons, comme s'il ne s'agissait que d'une simple loterie, que l'ouvrier qui fait grève pour obtenir une augmentation de 5 % sur ses salaires, a une fois raison et vingt fois tort. Il aurait une fois raison et dix fois tort, s'il s'agissait d'une augmentation de 10 %; il aurait une fois raison et quarante fois tort, s'il se mettait en grève pour une augmentation de 2 1/2 %. Mais si la disproportion de son enjeu diminue pour l'ouvrier à mesure qu'il se hasarde pour des salaires plus élevés, d'un autre côté, la possibilité de les obtenir diminue dans la même proportion. Car l'augmentation de la paye étant prise sur les bénéfices du fabricant, il ne faudrait pas aller bien loin dans cette voie pour les réduire à zéro. Ainsi dans l'hypothèse d'un capital de fr. 9,750, engagé par tête d'ouvrier, ce dernier reçoit 975 fr. en salaires, et produit fr. 214. 50, soit fr. 58. 50, intérêt à 6 %, et fr. 156, bénéfice brut, estimé à 16 %. Partie de ce bénéfice brut constitue la marge dans laquelle on peut tailler l'accroissement des salaires; marge bien moins considérable qu'on ne suppose généralement. Dans le cas actuel, l'augmentation de 5 % sur les salaires s'élèverait au tiers de bénéfice brut, et peut-être à la totalité du bénéfice net.

Nous avons vu ce que la grève coûte à l'ouvrier; voyons ce qu'elle coûte au chef d'usine. En supposant toujours une perte de 6 % d'intérêt et de 16 % de bénéfice brut par tête d'ouvrier représentant un capital de 9,750 francs, le chômage d'un mois qui coûte au premier 81 fr. 25 c., ne coûte au second que 17 fr. 87 c. par tête d'employé, soit, avec vingt fois moins de risques, une somme quatre ou cinq fois moindre.

Considérons ensuite qu'une même somme peut avoir vingt fois plus d'importance réelle pour l'un que pour l'autre. En effet, 1,000 fr. dans un petit ménage correspondent plus ou moins à une dépense de 20,000 fr. dans la famille du maître de l'usine. — A ce point de vue, l'ouvrier qui risque la grève pour augmenter son salaire de 5 %, entreprend la lutte avec une seule et unique chance de succès, contre environ dix-huit cents chances contraires que son usinier amène contre lui.

Est-il besoin de le dire? Par ce qui précède, nous n'avons nullement voulu faire aux ouvriers leur procès, comme s'ils eussent tort de poursuivre la hausse de leurs salaires, surtout lorsqu'ils sont insuffisants; mais nous avons voulu prouver que, dans l'immense majorité des cas, les remèdes qu'ils appliquent sont pires que le mal. Les grèves sont des batailles, les grèves sont de véritables désastres; l'économiste et l'historien les constatent, mais en protestant douloureusement.

De toute manière, la science conclut à une association entre ouvriers et patrons, à une répartition plus équitable des bonnes et des mauvaises chances entre les uns et les autres. C'est dans cette voie que l'on trouvera le progrès, mais aussi d'immenses difficultés. Ce n'est point le moment d'essayer de les résoudre et de discuter la question. — Constatons seulement que des manufacturiers, entre autres M. W. F. Eckroyd de Marsden, près Burnley, se sont plaints que la loi anglaise ne leur permît pas d'intéresser leurs hommes pour une part dans les bénéfices. Il y a quatre ans, la Chambre des communes a rejeté un amendement par lequel on se proposait de corriger la loi. Si les fabricants le voulaient bien, ils pourraient sans aucun doute réformer cet état de choses; ils savent bien que celui-là peut, qui veut. *Where a will, there's a way;* mais en attendant, il est certain que tout mauvais vouloir à ce sujet peut s'abriter derrière l'illégalité d'une réforme.

Des hommes de progrès ont proposé l'établissement en Angleterre de Conseils de prud'hommes, que la législation, influencée par l'opinion publique, investirait d'une mission d'arbitrage et de réorganisation industrielle. Ces conseils, composés de patrons et de délégués de Trades' Unions, siégeraient au centre de chaque industrie; Manchester, Liverpool, Birmingham, Newcastle, Swansea seraient les siéges d'autant de tribunaux industriels, où se tiendraient les assises du travail. De là, il n'y aurait qu'un pas à faire pour l'établissement de Congrès internationaux d'industrie.

Nous croyons cette idée excellente, nous croyons même qu'elle se réalisera un jour, et cela tout aussi certainement qu'on verra s'assembler un congrès permanent, dont les attributions croîtront constamment en importance, un congrès chargé de décider en dernier ressort de *toutes les questions de politique* extérieure entre les nations fédérées des États unis d'Europe. Mais nous n'espérons pas que la réforme assez prochainement proposée se réalise en Angleterre, nous ne croyons pas surtout que ce Conseil de prud'hommes possède de longtemps des moyens d'action assez puissants pour opérer une réforme radicale dans les conditions actuelles du travail. On l'a déjà dit bien des fois, nous vivons à une époque de féodalité, c'est-à-dire de barbarie industrielle. Nous appelons barbarie, une organisation dans laquelle, en vue d'augmenter ses bénéfices, le fabricant ferme ses ateliers aux ouvriers auxquels il pourrait donner de l'ouvrage; nous appelons barbarie, une organisation dans laquelle l'ouvrier, pour augmenter son salaire, n'entre pas dans l'atelier qui lui est ouvert. Barbarie est le nom du système dans lequel les différends entre employeurs et employés se décident par des luttes meurtrières, qui ont pour résultat définitif d'envoyer des masses de malheureux à l'hôpital et aux *workhouses*, et de faire porter sur la liste des faillis les noms de plus d'un commanditaire et entrepreneur.

Nous n'attribuons donc pas à un Conseil de prud'hommes la valeur d'une panacée réformatrice. Ce serait fort beau de trouver douze hommes de bien, jugeant avec équité les malentendus entre maîtres et ouvriers; mais nous trouverions encore plus beau qu'on abolît catégoriquement l'opposition entre telles et telles classes de la société, qu'on abolît l'antagonisme entre le prolétariat et la bourgeoisie. Nous voudrions que le même individu fût de règle générale capitaliste en même temps que travailleur. Et à tous les rapiéçages du vieux système, nous préférerions une création toute nouvelle....

— Quoi! nous semble-t-il entendre, « quoi! des élucubrations humanitaires! Encore un projet de réforme sociale! Voici venir le Garantisme et le Phalanstère, voici l'Organisation du Travail, voici les théories nouvelles et les anciennes utopies!.... »

— Qu'on se rassure. Il ne s'agit pas ici d'une exposition de programmes, mais du récit d'œuvres accomplies déjà. *Facts, hard facts! stubborn facts, Sir!*

II

L'ASSOCIATION APPLIQUÉE A LA CONSOMMATION

LA SOCIÉTÉ COOPÉRATIVE DE ROCHDALE

Ce n'est pas au pays de Lalla-Roukh que nous trouverons la solution du problème, et, pour nous conduire à travers le dédale des difficultés économiques précédemment exposées, nous ne nous adresserons pas à quelque enchanteur des *Mille et une Nuits*, à un Aladin à la Lampe Merveilleuse, mais à l'honnête George-Jacob Holyoake, l'auteur d'une très-intéressante brochure : *Self-Help by the People, History of Cooperation in Rochdale.*

Dans une ville fumeuse du nord de l'Angleterre, en un misérable réduit, humide et glacé, par une soirée pluvieuse d'un sombre mois de novembre, une douzaine de pauvres tisserands en flanelle se réunirent en conseil. Leur sort était plus triste qu'il ne l'avait jamais été : les salaires, qui avaient encore diminué, ne pouvaient plus donner à leur famille une nourriture suffisante. Tous les remèdes, employés en pareil cas, avaient été mis en œuvre : conférences plus violentes que pacifiques avec les manufacturiers, assemblées de prolétaires, discours interminables — on avait eu recours à la grève, espèce de suicide; tout avait été vain, et la situation semblait absolument désespérée. — Fallait-il recourir au *workhouse*, et s'y faire enfermer pendant les jours de misère? C'était la condamnation aux travaux forcés pour crime de pauvreté.

Fallait-il émigrer? On n'en avait pas les moyens; l'émigration, c'était d'ailleurs la peine de la déportation; toujours pour crime de pauvreté. Que faire donc?

Quelques ouvriers qui avaient connu Robert Owen, et sa tentative de New-Lanark, parlèrent de l'association comme de la seule issue à leurs maux; et, en désespoir de cause, la majorité résolut d'essayer quelque chose dans cet ordre d'idées. — Entre eux s'associaient les patrons pour faire la guerre aux ouvriers, et les ouvriers pour faire la guerre aux patrons; pourquoi ne s'associerait-on pas, non plus dans des intentions hostiles, mais pour accomplir une œuvre de paix? La bourgeoisie accomplissait de grandes choses, en groupant de petits pécules, dont la réunion formait d'immenses capitaux, suffisants pour la construction de magnifiques bateaux à vapeur et de gigantesques lignes de chemins de fer; pourquoi le prolétariat ne réunirait-il pas, lui aussi, toutes ses ressources pour faire une œuvre plus grande encore : l'extinction du paupérisme? — Nos douze à quinze pauvres tisserands furent pris d'un saint enthousiasme; ils se crurent assez forts pour se créer une nouvelle destinée, et faire à la fois leur propre bonheur et celui de leurs frères. Ils résolurent, pour commencer, de se substituer aux négociants, aux capitalistes et aux manufacturiers. Sans fonds, sans instruction technique, sans expérience spéciale, les voilà qui s'improvisent marchands et fabricants. A cet effet, ils font circuler une liste de souscriptions, dont auraient bien ri les boursicotiers du *Stock exchange*. Quinze, vingt, puis trente souscripteurs à quatre sous par semaine; quatre sous que souvent on se trouva fort en peine de payer. Un an après, c'est-à-dire après cinquante-deux collectes parmi nos capitalistes lilliputiens, la caisse sociale se trouva suffisamment remplie pour permettre l'achat d'un sac de farine d'avoine, qu'ils se revendirent à eux-mêmes au détail pour leur propre consommation. Telle fut l'origine d'une société qui possède aujourd'hui moulins, fabriques et entrepôts, et un comptoir d'épiceries sur lequel on encaisse plus de 36,000 fr. par semaine, soit près de deux millions par an. — Sans doute, ce prodigieux résultat n'a point surpris les hardis fondateurs, car voici les principales clauses de leur programme :

1° Fondation d'un magasin au profit de tous les sociétaires; magasin où l'on ne vendrait pas de liqueurs fortes, et où, dans l'intérêt des clients comme dans celui de l'entreprise, l'on ne ferait crédit sous aucun prétexte;

2° Achat et construction de maisons convenables pour les sociétaires; réforme des logements;

3° Achat ou location de quelques pièces de terrain. Car, en Angleterre, le peuple ne sera jamais émancipé civilement et politiquement, tant qu'il ne sera pas propriétaire de tout ou partie du sol qu'il habite et qu'il cultive;

4° Association pour la production de tous articles que les associés trouveraient plus de bénéfice à fabriquer eux-mêmes qu'à acheter en gros;

5° Emploi de partie des bénéfices à la fondation d'écoles, de bibliothèques, de salons de lecture, etc.;

6° Fondation, soit d'une colonie, soit d'une maison commune, avec un *Temperance Hotel;*

7° Secours fraternel à porter à toutes les associations analogues;

8° Harmonie à établir entre la production et la répartition, entre l'instruction des citoyens et leur influence politique;

9° Fondation dans la mère patrie, d'une association basée sur la communauté des intérêts.

On le voit, la réforme doit être radicale. Point elle ne procède par amendements dans les détails, et par superfétations successives, comme cela se pratique généralement en Angleterre, mais elle pose hardiment un principe nouveau duquel devra germer une société nouvelle. La conception tout entière découle de la théorie de la *Self-supporting Community*, du grand réformateur Robert Owen, théorie qui, chauvinisme à part, nous semble dans le génie socialiste français, ou plutôt dans le génie gaulois ; car Owen, né dans le pays de Galles, était, nous le supposons du moins, de souche bretonne, comme d'ailleurs son nom paraît l'indiquer. — Du reste, ce plan est d'autant plus remarquable que, dégagé de toute extravagance philosophique, il se limite strictement au domaine économique et moral, et reste sur le terrain des faits pratiques, le seul où il puisse prendre racine.

Telles furent les clauses organiques de la constitution que se donna, en octobre 1844, la Société des *Rochdale Equitable Pioneers*. On le devine, remarque M. le professeur Huber dans son précieux *Traité sur les Associations industrielles*, ces pauvres tisserands n'empruntaient pas précisément leur nom de *pionniers* aux sapeurs du génie militaire. Avec un noble instinct de l'avenir, ils se comparaient plutôt à ces avant-coureurs de la civilisation, les hardis émigrants, abandonnant l'Ancien Monde et ses malheurs et ses misères pour aller se créer une meilleure patrie dans les forêts vierges et dans les prairies lointaines d'un continent nouveau.

L'entreprise fut définitivement constituée par vingt-huit fondateurs souscrivant vingt-huit actions de 25 francs chacune, réalisables par souscriptions hebdomadaires de quatre à six sous. —Quand le capital social fut en partie réalisé, on loua une chambre, on y transporta le sac de farine, puis quelques morceaux de sucre. Un épicier voisin prétendit vouloir emporter tout le fonds de la boutique en une brouettée. Le 10 novembre

1844 — l'histoire se souviendra de cette date — la vente fut ouverte. Les membres qui s'étaient engagés à tenir le comptoir osaient à peine se montrer, tant ils craignaient les quolibets des épiciers et des gamins; ils se glissèrent donc au crépuscule jusqu'à leur boutique, en rasant les murailles du côté le plus obscur de la rue. Ce début était peu brillant; le résultat des premières ventes fut même si décourageant, que, n'osant plus braver le ridicule qui les poursuivait, plusieurs des fondateurs se retirèrent; mais, à la longue, quelques recrues de bonne volonté se présentèrent çà et là, de vrais enfants perdus. En mars 1845, l'Association risqua la vente de quelques paquets de tabac et de thé. — A cette occasion, un membre entreprenant affirma qu'il procurerait à la Société, comptant et en une fois, la somme de trois francs, non qu'il possédât lui-même l'écu en question, mais, sous sa garantie personnelle, il se portait fort de trouver le bailleur de fonds.

M. Holyoake a remarqué, dans les règlements primitifs de la Société, un catalogue d'amendes exorbitantes dans leur genre. La valeur financière alors attachée au concours des directeurs ou des administrateurs, peut être induite du fait que l'absence de ces fonctionnaires était punie par une amende de douze sous. Il est évident que la Société n'aurait cru encourir qu'une perte totale de trois francs, si les cinq administrateurs avaient tous ensemble pris la clef des champs. Quoi qu'il en soit, ils prouvèrent valoir bien davantage que le trop modeste prix auquel ils avaient eux-mêmes évalué leurs services. A force de persévérance, de courage et d'industrie, l'entreprise se maintenait. Le bilan de 1845 démontra un capital social de 4,525 fr., un nombre de 80 associés, une vente mensuelle de 3,000 fr., un chiffre d'affaires de 17,750 fr., et un bénéfice de 4 1/2 % environ.

En 1846, vente au détail de la viande.

En 1847, le bilan portait 7,150 fr. de capital social, une vente de près de 900 fr. par semaine et un nombre de 140 actionnaires. Fiers de leurs succès, les fondateurs se réunirent dans un banquet commémoratif à un franc par tête, pour célébrer l'anniversaire de la mémorable ouverture de leur magasin.

1848 fut pour les Pionniers, comme pour tant de leurs confrères d'Europe, une année de douloureuse épreuve. Plus de banquets, rien qu'une simple soirée dont quelques tasses de thé firent tous les frais. Les temps étaient bien durs; l'Association était assaillie à la fois par les crises politique, monétaire et industrielle, et, chose plus grave encore, elle était travaillée par les piétistes qui voulaient interdire aux sociétaires de se réunir le dimanche, et de discuter certaines questions; bref, on voulait faire renoncer les Pionniers à leur liberté de conscience en échange de quelques dogmes méthodistes, baptistes, pédo-baptistes ou pseudo-baptistes. Les débats menaçaient de s'envenimer, et la

Société de se dissoudre; des luttes d'amour-propre furent engagées, fort mal à propos, comme toujours; l'opposition du dehors se fit plus violente que par le passé; des doutes furent répandus sur la solvabilité des Pionniers. Ici encore le dévouement de quelques membres sauva la Société; la caisse, qui se sentait irréprochable, brava le danger, et les sabbatistes furent mis en déroute. Et la crise des subsistances elle-même eut pour effet de démontrer aux ouvriers que vingt sous leur rapportaient davantage dans la boutique sociétaire que chez les épiciers de la ville. La faillite de la caisse d'épargne, grand désastre pour la population ouvrière de Rochdale, amena de nouvelles recrues à l'entreprise, considérée désormais comme beaucoup plus lucrative, et beaucoup plus sûre que des caisses d'épargne, lesquelles, administrées sans aucun contrôle des déposants, étaient gérées sous le bon plaisir de quelques gros messieurs bourgeois. A partir de ce moment, l'on n'eut plus besoin de courir de maison en maison pour faire rentrer le montant des souscriptions; les versements se firent désormais au siége de la Société, la clientèle devint assez considérable pour nécessiter, en avril 1851, l'ouverture du magasin pendant toute la journée, et même sa translation dans un plus vaste local.

« Les réunions des membres du comité de direction, raconte M. Holyoake dans une charmante page, étaient comme un petit parlement d'ouvriers : les vitupérations réciproques, ce plaisir des Anglais, les grognements et murmures qu'on dit être une de leurs particularités nationales, et les petites jalousies démocratiques se reproduisaient dans ces assemblées, mais non pas dans cette proportion qui a été si fatale ordinairement chez les classes ouvrières. Chez nos Coopérateurs, le *leader* de l'opposition attaquait sans pitié le leader au pouvoir, et les d'Israëli de Rochdale critiquaient cavalièrement le budget des sir George Cornwall Lewis de l'endroit. Notre ami Ben, un membre bien connu du *store* (du magasin), n'était jamais content de quoi que ce fût, et cependant il ne se plaignait de rien; ses yeux lançaient le reproche, mais ses lèvres ne l'articulaient jamais. Il semblait soupçonner un chacun avec une méfiance trop profonde pour pouvoir l'exprimer; partout il allait, partout il inspectait et de tout il se défiait. En signe de désapprobation, il branlait la tête mais non pas la langue. Pendant quelque temps on craignit de voir la direction succomber sous le poids de son lugubre mécontentement. Avec plus de sagesse que n'en ont ordinairement les critiques, il s'abstint de parler jusqu'à ce qu'il sût bien ce qu'il avait à dire. Toutefois après deux années d'un terrible travail, les sombres nuages s'éclaircirent et se dispersèrent. Ben retrouva la parole et la sérénité. Il avait découvert que ses bénéfices avaient augmenté malgré ses défiances, et il n'eut pas le courage de sourciller plus longtemps à l'encontre de gens qui l'enrichissaient. A la fin, il monta pour toucher à la caisse ses dividendes, puis, comme Moïse descendant de la montagne, il reparut la face resplendissante.

» Tout au contraire, un autre surveillant de la chose publique fulminait héroïquement contre les malversateurs ; au rebours de Ben, il ébahissait les gens par ses catilinaires incessantes, débitées d'une voix de Stentor. Il ne pouvait point prouver que quoi que ce fût allât mal, mais il ne pouvait pas admettre non plus que quoique ce fût allât bien. On l'invita aux séances du *comité pour qu'il* veillât *lui-même à* la bonne gestion des affaires, mais il était trop indigné pour remplir ses fonctions. La chose qu'il craignait le plus, c'était d'être détrompé, et, pendant toute la durée de ses fonctions, il resta assis le dos tourné aux membres du comité. Ce fut dans cette attitude hostile et même inconvenante qu'il débitait ses harangues. On n'a jamais pu savoir s'il avait comme un lièvre les oreilles derrière la tête, mais à moins d'avoir des yeux à l'occiput, il ne pouvait voir ce qui se passait. Jamais on ne vit membre de la gauche faire opposition plus décidée. A la fin, il fut corrompu et se déclara satisfait; entendons-nous bien, il fut gagné par l'entraînement qu'exerce un succès légitime. Quand on distribua les dividendes derrière lui, il se retourna, empocha ses écus avec un reste de colère, et bien que depuis il n'ait jamais voulu avouer que les choses allassent bien, il a du moins cessé de proclamer qu'elles allaient de mal en pis. »

Rien d'étonnant qu'une entreprise à laquelle le sexe fort opposait une résistance si obstinée, eût à lutter également contre des préjugés féminins : les ménagères se heurtaient avec répugnance aux prix fixes imposés par les coopérateurs ; il leur était par trop pénible de ne plus marchander et de ne plus aller et venir par la ville en cancanant un peu par-ci par-là. *Mais le plus sérieux motif d'abstention* de la part des ménagères provenait du refus absolu des Pionniers de leur faire le moindre crédit. Et plus moyen de faire danser l'anse du panier, plus moyen de se ménager quelques petits bénéfices sur la différence entre le prix réel et la déclaration officielle. On exposait à une Irlandaise le plan et le but de l'entreprise, et avec de grands efforts d'éloquence on finit par l'enrôler parmi les clientes. Quand on voulut lui délivrer les jetons de vente, elle demanda pour quoi faire ? — « C'est pour accuser le chiffre de vos achats, » lui répondit-on. « Fi, Messieurs ! » répliqua-t-elle avec indignation, fi ! jamais je n'aurais cru ça de gens qui semblaient si honnêtes ! Me vouloir trahir auprès de notre homme, de Michel ! »

« Quiconque a parcouru les districts manufacturiers du Lancashire, continue M. Holyoake, a été frappé de rencontrer un grand nombre de boutiques, dont la plupart tiennent à la fois des articles de vêtement et de nourriture. Les ouvriers y vont chercher les aliments qu'ils mettent sur leur table et les habits qu'ils mettent sur leur dos. Ces boutiques vendent à crédit, et la majorité des clients possèdent chacun un livre de comptes courants qu'on balance au reçu de la paye, une fois par semaine ou bien par quinzaine. Les boutiquiers étant généralement créanciers pour une somme plus ou moins considérable, les ouvriers restent toujours endettés. Quand l'ouvrage ne va pas, le débiteur s'enfonce davantage dans l'arriéré, dont finalement il ne peut plus se débarrasser. Si le travail manque tout à fait, il faut quitter le pays, puis s'adresser à une autre boutique, à moins que l'ouvrier ne prenne la peine, malgré la distance, de se fournir à son ancien magasin. Il est fréquemment arrivé que d'honnêtes tisserands restent les fidèles pratiques des marchands qui, dans les mauvais jours, se sont fiés à eux, et j'ai vu moi-même une famille qui, ayant dû déménager à l'autre bout de Rochdale, n'en a pas moins pris ses provisions chez son ancien fournisseur, à 4 kilomètres de son nouveau domicile, bien que la boutique des Pionniers fût sur le passage et donnât les mêmes articles à meilleur compte. C'est une bien belle conduite que celle-là, et il m'a été cité une foule d'exemples analogues. »

A la longue cependant, les ménagères comprirent que leurs épiciers leur faisaient payer trop cher le mince crédit qu'ils leur accordaient; à la longue elles apprécièrent l'économie résultant de l'achat au comptant. « Rien n'était plus écrit pour elles. » Elles s'enorgueillirent d'avoir leur boutique à elles, et de commanditer une entreprise financière. Elles comprirent enfin que l'argent qu'elles payaient comptant n'était pas dépensé par leurs maris au cabaret, et qu'une action dans l'entreprise équivalait à une assurance mutuelle contre la misère et l'ivrognerie.

Le journal *le Cooperator* (nº de septembre dernier) rend compte d'une heureuse innovation qui a été mise récemment en pratique pour libérer de leurs obligations envers leurs épiciers et détaillants divers, ces milliers de débiteurs honnêtes que leur arriéré empêchait de se faire servir aux magasins de l'Association. Le système est des plus simples; pour en exposer le jeu, nous transcrirons simplement la note envoyée par M. Noah Briggs, l'intelligent secrétaire de l'Association de Prestwich :

« Notre méthode de prêts m'a été suggérée par le fait que notre Société » avait par devers elle un capital sans emploi, tandis que certains de nos » souscripteurs, pincés (*fast*) dans d'autres boutiques, se voyaient dans » l'impossibilité de se fournir chez nous. Aux souscripteurs ainsi empê- » chés, et sur la caution que leur veulent donner tels ou tels de leurs » amis dont la souscription est déjà soldée, nous faisons avance d'une » action de tout ou partie de leurs dettes, le remboursement devant être » effectué en actions. A cet effet, les emprunteurs signent un engage- » ment portant que les dividendes à échoir sur leurs titres et sur leurs

» achats resteront dans la caisse sociale jusqu'à concurrence de la somme » qui leur a été avancée. De cette manière, la Société, sans courir elle-» même aucun danger, rend à tel ou tel futur actionnaire le service de le » débarrasser de son arriéré chez ses fournisseurs; et, d'un autre côté, » il est probable que les gens honnêtes, et eux seulement, trouveront la » garantie et l'appui d'un membre solvable; personne ne se souciant de » se porter caution pour un indigne. »

Dans les premières années, l'ouverture à Rochdale du magasin des Coopérateurs fut sans effet sensible sur le commerce en détail des substances alimentaires. Mais, peu à peu, les petits magasins s'aperçurent de la concurrence; ainsi l'on cite un pauvre épicier dont tous les voisins à 1,500 mètres à la ronde s'étaient faits clients de l'Association. Si les Pionniers n'avaient pas fait preuve d'un rare bon sens et d'un non moins rare esprit de conciliation, de fâcheux tiraillements auraient pu se déclarer. Quand les épiciers augmentaient les prix de leurs articles, les Coopérateurs suivaient le mouvement; quand les épiciers abaissaient leurs prix plus que de raison pour ruiner leurs jeunes concurrents, ces derniers laissaient faire, coûte que coûte. Leur volonté était de faire un commerce avantageux aux prix courants; ils ne voulaient engager aucune concurrence, ni s'y laisser engager. Ils déclaraient même ouvertement que, pour *être sûrs de leurs affaires, ils devaient se ménager un certain profit*, et même que, pour rester honnêtes, ils devaient faire des bénéfices. Si, par exemple, ils vendaient du sucre à perte, ils seraient obligés de se rattraper à la dérobée sur d'autres articles, ce qu'ils ne voulaient pas faire.

A la fin de 1850, les *Cooperative Stores* de Rochdale avaient 600 membres, 57,500 fr. de capital, un mouvement annuel d'affaires de 329,500 fr., sur lesquelles elles faisaient un bénéfice de 22,250 fr., soit 38.70 % sur le capital social, et 6.75 % sur le chiffre des transactions. L'on songea donc à étendre le cercle des opérations et à s'engager dans de nouvelles entreprises. A Leeds, de bons esprits avaient établi une minoterie très-prospère qui fournissait d'excellente farine à bon marché. A leur exemple, les Coopérateurs voulurent doter Rochdale d'un *People's Mill*, ou *moulin du peuple*, et se mirent bravement à l'œuvre. C'est là que de nouveaux déboires les attendaient; c'est là qu'ils firent les plus rudes écoles, qu'ils eurent le plus à souffrir de l'animosité des concurrents et de la défaillance de leurs propres amis; c'est dans cette entreprise que le crédit de la Société reçut les plus graves atteintes, si bien que, plus d'une fois, le bruit de sa banqueroute se répandit par la ville, et que des intéressés accoururent au comptoir pour se faire rembourser l'argent qu'ils avaient engagé. Pour organiser leur entreprise, les fondateurs n'avaient pas fait à l'imprévu une part suffisante, ils avaient dû se lier à des hommes du dehors, sans grande habileté ni grande moralité; les machines n'allaient pas, le bâtiment était insuffisant, la farine était de qualité médiocre. Après de pénibles perfectionnements, la marchandise se trouva excellente, mais le consommateur se rebutait de ne pas lui trouver la blancheur que les meuniers savent donner aux qualités même très-inférieures. Par un honorable scrupule, le comité se refusa catégoriquement à laisser jamais *travailler* ses farines pour leur donner l'aspect voulu, et finalement, il gagna son procès auprès de sa clientèle. Après deux ans de lutte, quand on se fut décidé à reconstruire une partie du moulin et à faire l'acquisition de machines perfectionnées, la minoterie se trouva enfin à la tête d'un premier bénéfice de 2,500 fr. Nous apprenons aujourd'hui que le premier semestre de l'exercice 1862 a été clos avec 10 % de bénéfice. Le capital social s'élevait à cette date à 776,500 fr., et le mouvement d'affaires semestriel, à 2,050,000 fr. Le moulin du peuple souscrit actuellement 125 fr. par semaine pour le fonds d'assistance *Distress Relief Fund*, en faveur des ouvriers cotonniers sans ouvrage.

Dès qu'ils eurent assuré le succès de leur nouvelle entreprise, nos hardis Pionniers songèrent à une œuvre plus importante encore, qui devait marquer la troisième et grande période de la coopération. Des bénéfices annuels de 30 et 40 % que leur apportaient les magasins sociaux, les transformaient en capitalistes; il fallait trouver un emploi pour le surplus de leur argent. On avait fixé le maximum que pût posséder un actionnaire dans l'entreprise, afin que les plus forts souscripteurs n'acquissent pas une influence indue sur les affaires communes qui, passant dans quelques puissantes mains, auraient bientôt perdu leur caractère d'utilité générale. L'on établit donc en coutume qu'au fur et à mesure de nouvelles inscriptions, les anciens membres se retireraient pour entrer dans une société branche, laissant toutefois à leur crédit dans l'entreprise primitive, une somme ne dépassant pas 2,500 fr., soit 100 actions. Ainsi l'association mère envoyait des colonies à l'étranger. Mais, au rebours de ce qui a lieu dans les sociétés politiques, la partie jeune de la communauté n'était pas mise dehors pour chercher fortune au loin, tout au contraire, c'étaient les hommes dans la force de l'âge et de l'expérience qui étaient chargés de créer une nouvelle source de richesses; tandis que les novices, arrivés pour la plupart dans la gêne et dans l'ignorance, acquéraient l'aisance matérielle et l'habitude de l'association dans le sein de la Société mère.

Employés pour la plupart dans les manufactures de ville, les Coopérateurs, après avoir organisé la consommation, songèrent à accomplir une œuvre analogue dans le champ de la production. En 1858, un groupe s'associa sous la raison sociale de *Rochdale Cooperative*

Manufacturing Society; les actions étaient de 125 fr., payables comptant ou par termes de 25 sous par semaine. En 1858, le fonds social s'élevait déjà à 325,000 fr., et, depuis, il a augmenté progressivement au fur et à mesure des besoins, et cependant les années 1857 et 1858 furent désastreuses pour la fabrication en général ; les anciennes filatures de Rochdale furent obligées de suspendre les travaux pendant plusieurs jours par semaine, mais la nouvelle venue maintint bravement le prix complet pour journée complète, bien que, pendant quinze semaines, les ventes eussent été complétement arrêtées. Fin 1860, la fabrique installait dans ses ateliers pour une somme de 1,250,000 fr., de puissantes machines de 160 chevaux vapeur chacune, le *Coopérateur* et la *Persévérance;* elle comptait environ 200 ouvriers. — Là-dessus sont survenues la disette du coton, et, par suite, celle des subsistances, ainsi que des luttes intestines, bien plus affligeantes encore, et dont il sera ci-après amplement parlé. Qu'il nous suffise de dire, qu'aux dernières nouvelles, la manufacture n'employait plus son personnel que deux jours par semaine; cependant elle manifestait l'intention de payer à ses actionnaires 5 % d'intérêt, et contribuait 75 fr. par semaine pour le fonds de secours aux colonniers en détresse.

Les *Stores* ou magasins des Équitables Pionniers comprennent aujourd'hui sept départements pour les articles épicerie, draperie, boucherie, chaussures, vêtements, et enfin le département des marchandises en gros pour le compte de Rochdale, et de quelques sociétés alliées du Yorkshire et du Lancashire. Chacune de ces branches a ses livres particuliers qui sont résumés dans le compte général publié par trimestre. La Société, achetant comptant et vendant comptant, ne peut pas faire de grandes pertes; durant les treize premières années de son existence, elle n'a pas eu le moindre procès, et, cependant, plus de 7 millions et demi avaient passé par sa caisse. Une centaine d'ouvriers sont employés dans le grand magasin et dans les succursales qui ont été établies dans le faubourg.

» Dans l'établissement central, raconte encore M. Holyoake, le visiteur s'égare dans une multitude de chambres où il voit des tailleurs, des cordonniers qui travaillent dans des conditions d'hygiène parfaites, et sans aucune appréhension sur leur paye du samedi soir. Les magasins sont remplis comme l'était l'arche de Noé, et une foule de pratiques satisfaites pullule vers le soir dans les rues de Rochdale comme autant d'abeilles aux alentours de leur ruche.

» Mais ce n'est pas sur cette brillante activité commerciale que se porte notre esprit: c'est bien plutôt sur ce nouvel esprit qui, osons l'espérer, régénérera désormais nos échanges. Plus d'inimitié entre le vendeur et l'acheteur, plus de soupçons ni de déceptions réciproques ; les humbles ouvriers qui jusque-là n'avaient jamais su s'ils introduisaient du poison dans leur bouche avec leurs aliments, ces pauvres gens dont chaque dîner avait été sophistiqué, dont les souliers prenaient eau un mois trop tôt, et dont les femmes portaient du calicot mauvais teint, achètent au meilleur marché tout comme des millionnaires et jouissent d'une nourriture pour le moins aussi saine que celle des grands seigneurs.

» L'ivrognerie a disparu avec l'apparition du bien-être. Des maris jadis endettés jusqu'aux oreilles, des femmes qui n'avaient jamais possédé dix sous en propre, achètent des logements confortables et se rendent dans une boutique où, pour leur argent comptant, on ne leur sert ni compliments, ni flatteries, ni procédés mielleux ; il est vrai qu'on n'y trouve ni tromperie, ni sophistication, ni vente à prix fort ou à prix doux. Chez ces épiciers nouveau système, on respire une atmosphère d'honnêteté, on peut envoyer des enfants à la boutique, sans avoir besoin de les endoctriner au préalable pour qu'ils ne se fassent servir que par *un certain homme aux cheveux noirs et aux favoris gris*, auquel ils devront recommander de ne donner que du meilleur beurre. Au magasin des Coopérateurs tous les commis, qu'ils aient ou non des cheveux noirs et des favoris gris, ne servent à l'enfant que du bon beurre ; et cela par une excellente raison, c'est qu'ils n'en tiennent pas de mauvais.

» Et les directeurs de cette entreprise si importante et si riche d'avenir, sont aussi modestes et sans prétention qu'ils l'étaient il y a treize ans ; l'étranger les voit en casquette et en jaquette de flanelle ; ces braves gens ne répondent pas à l'attente de grandiose extérieur et physique qu'on se fait involontairement d'hommes qui ont accompli de si grandes choses ! »

Fidèles à leur programme primitif, les sociétaires n'ont pas voulu empocher leur dividende purement et simplement, mais ils en ont réservé une partie pour des buts d'intérêt général. Après le payement des intérêts de capital, ils prélèvent 2 1/2 % sur le bénéfice à titre de subvention aux œuvres d'enseignement mutuel, écoles, et collections d'instruments scientifiques. Une bibliothèque qui reçoit une allocation annuelle d'environ 8,000 fr., renferme aujourd'hui 4,700 ouvrages, dont plusieurs sont de grand prix ; fréquemment un mouvement de 400 volumes s'effectue par semaine entre le bibliothécaire et les sociétaires. Ces derniers jouissent en outre d'un salon de lecture, abonné, pour une somme considérable, à divers journaux et revues. Les Coopérateurs apportent aussi leur contribution aux hôpitaux de Rochdale, à des asiles de sourds-muets ; ils ont fait don à la ville d'une fontaine, etc. Nous lisons aujourd'hui que, pour venir en aide à la misère engendrée par la disette du coton, ils ont établi à leurs frais des fourneaux économiques pour la distribution de soupe aux indigents, et contribuent pour 125 fr. par semaine aux souscriptions du *Distress Relief Fund*.

Ces gens qui peuvent aujourd'hui venir en aide aux autres, ils avaient commencé par être misérables eux-mêmes, et la plupart d'entre eux le seraient certainement restés sans l'établissement de leur association. Nous allons citer quelques exemples qui en diront plus que beaucoup de raisonnements :

Y est un vieillard qui, durant quarante ans, n'avait jamais cessé d'être endetté. Il avait dû jusqu'à 750 fr. à la fois. Depuis qu'il est entré dans l'association, c'est-à-dire depuis 1844, il a versé dans la caisse sociale 70 fr., il en a retiré 437 fr. et il conserve encore 123 fr. à son crédit. Résultat : meilleure alimentation et bénéfice net de 500 fr. contre un versement de 70 fr.

— George Morton, autre vieillard de soixante ans, raconte que sans le profit dérivé de sa participation dans les affaires des Equitables Pionniers, il n'aurait pas eu de quoi vivre à sa suffisance, et aurait dû se laisser enfermer dans le workhouse. De 1845 à 1850, il a versé à la caisse 145 fr. en tout, il en a retiré 1,925 fr. et il y conserve 275 fr. Résultat : bien être constant et bénéfice de plus de 2,000 francs.

— Certain mari avait quelque argent qui prospérait chez les Coopérateurs, mais sa femme, se laissant gagner par des rapports malveillants, fit retirer le dépôt pour le confier à la caisse d'épargne : cette banque fit banqueroute, comme nous savons, et la pauvre femme ramassant le reste de l'avoir conjugal, le replaça dans l'association où il est encore. Etc., etc.

Les femmes mariées sont admises dans l'association de Rochdale avec voix délibérative. Plusieurs se font recevoir pour empêcher leurs maris de dépenser au cabaret l'argent du ménage ; ces derniers ne pouvant retirer les économies déposées au nom de leurs femmes, que mandatés par elles. Ils pourraient, par une action en justice, se faire remettre la totalité du pécule controversé; mais avant de pouvoir faire intervenir le tribunal, l'époux récalcitrant a dormi sur son ivresse et a eu le temps de réfléchir salutairement. Plusieurs jeunes filles s'amassent une dot qui figure sur le grand livre des Équitables Pionniers.

Les bénéfices sont tout d'abord appliqués :

1° Au payement des frais généraux ;

2° Au service de l'intérêt à 5 % des prêts faits à la société ;

3° A l'amortissement des immeubles ;

4° Au dividende à donner aux actions de capital ;

5° A l'extension des affaires sociales ;

6° Sur le reste 2 1/2 % sont consacrés aux écoles, à la bibliothèque, etc.

Ces prélèvements ayant été opérés, le restant du bénéfice net est distribué aux clients, au prorata des achats qu'ils ont faits pendant le trimestre échu, les membres recevant une part légèrement plus forte que les non-membres. Les fondateurs de la Société n'ont pas voulu que tous les profits fussent absorbés par les actionnaires, et ils ont voulu qu'une part en fût laissée à ceux qui les ont produits. C'est très-habile, c'est très-juste, et cependant assez nouveau.

Les fonds de réserve sont fortement constitués. Le matériel ayant toujours été évalué dans les comptes sociaux au-dessous de sa valeur et un pourcentage considérable ayant toujours été alloué pour sa dépréciation, on estimait déjà en 1858 que si l'association venait à liquider, chaque souscripteur recevrait 125 fr. pour chaque 100 fr. versés.

Les dernières nouvelles que nous ayons de Rochdale nous annoncent que la Société des Pionniers avait clos la campagne 1860-1861 avec un nombre total de 4,000 actionnaires environ, par un bénéfice de plus de 450,000 fr. réalisé sur un capital social de 1,000,000 de francs environ. A première vue, les rapports du premier semestre 1862 sont moins favorables, et cependant ils le sont en réalité bien davantage quand on réfléchit à la misère intense qui accablait déjà la population manufacturière du nord de l'Angleterre. En juin, la Société se composait toujours de 4,000 membres, et le capital social d'un million. Mais les ventes s'élevaient à 1,839,725 fr., soit à 300,000 fr. environ de moins que pendant le semestre précédent ; le profit des deux premiers trimestres faisait présager pour l'année entière un bénéfice net de 45 %. La société annonce tenir à la disposition des actionnaires un capital sans emploi de 200,000 fr., qu'ils pourront retirer pour faire face aux besoins de la crise.

Voilà certes un brillant succès ! Obtenu comme il l'a été après plusieurs années d'efforts aussi pénibles que persévérants, il est bien mérité. Toutefois, malgré toute l'habileté, toute l'énergie, toute la bonne volonté des Pionniers, leur œuvre n'aurait pas abouti à ces résultats magnifiques, si leur système n'avait pas été doué en lui-même d'une vertu intrinsèque. C'est le principe de l'association qui a fait ces merveilles.

Dans cette histoire de la Coopération de Rochdale, dans ce « roman par Doit et Avoir » ce qui nous étonne le plus, c'est moins qu'un millier de francs en ait produit plusieurs milliers ; ce sont moins les 30, 35, 40, 45 ou 50 % de bénéfice net sur le capital engagé, que l'exiguïté des chiffres des frais généraux et spéciaux, pour la manutention et l'entretien des magasins, pour les salaires des employés, pour la direction et pour la gestion de l'entreprise, pour les impôts et loyers, etc. Ce chiffre, qui l'aurait deviné ? ne s'élève qu'a 1/4 % du mouvement d'affaires. Qu'en diront nos banques et nos compagnies de chemins de fer ? qu'en diront nos ministères ? qu'en diront notre gabelle et notre administration des Droits réunis ? qu'en dira notre Direction des douanes ?

Les Équitables Pionniers, il faut le dire, ne se mettent pas en frais de représentation, et ils ont horreur des procès et des actions judiciaires. Aucune pompe d'annonces ni de réclames, pas de frais d'étalage ni de commis-voyageurs. La clientèle est fixe, par conséquent l'approvisionnement l'est aussi, et l'on n'a pas à craindre de déchet sur les marchandises en magasin. Les employés étant suffisamment payés, et, de plus, étant associés et intéressés à l'entreprise, *n'épargnent ni leur temps, ni leur peine, ni leur intelligence*. Les bénéfices de l'acheteur sont plus considérables encore que ceux de l'actionnaire, et la proposition perd de son apparence paradoxale si l'on réfléchit à la qualité supérieure des denrées, qualité qui, dans le commerce de détail ordinaire, serait souvent payée 25 % plus cher. De plus, l'association est, on l'a vu, la meilleure des caisses d'épargne, sans grands frais d'écriture, ni de comptabilité (entre parenthèse, celle que les Pionniers ont créée est regardée comme un chef-d'œuvre). Elle recueille les petites économies et les petits profits et transforme les pièces de cuivre en pièces d'argent. — Par le seul fait que l'ouvrier va se pourvoir dans les magasins de l'association plutôt que dans la boutique d'à côté, jour par jour son épargne s'accroît par une espèce de *contribution indirecte*; le neuvième de ses dépenses lui est restitué à la fin de l'année ou se capitalise à nouveau et lui rapporte alors un intérêt de 30 ou de 40 %. On comprend qu'à ce compte l'aisance remplace bientôt la gène et que le pauvre artisan devienne bientôt une espèce de rentier, un banquier habile et honnête faisant valoir ses fonds à son bénéfice exclusif.

Dès que l'ouvrier voit son sort assuré, il n'a plus besoin d'aller au cabaret pour s'étourdir ou noyer ses chagrins; il préfère aller à la bibliothèque, au salon de lecture pour lire les journaux et prendre une tasse de thé avec ses amis. En même temps il se loge confortablement, il se nourrit mieux, il s'habille mieux. C'est ainsi que les pauvres prolétaires deviennent des citoyens à leur aise, et que les familles prospèrent.

Voilà le secret de l'intérêt que nous portons à ce magnifique mouvement. Peu nous importe, après tout, qu'un commerce d'épicerie ou de draperie ait autant rapporté de bénéfices qu'un capital mis dans une charge d'agent de change. Ce qui nous importe, c'est que des hommes, des familles, des populations entières soient arrachés à la misère matérielle et à la misère morale, qui en est si facilement la conséquence!

Et le secret du succès qui attend la Coopération repose tout entier dans sa merveilleuse simplicité. Le système tout entier peut être exposé, raconté et expliqué dans le style de la fable de l'Aveugle et du Paralytique.

« N'y a pas longtemps, il était dans une petite ville une douzaine d'ouvriers malheureux. Ces pauvres gens étaient de bonnes gens. Ils pensèrent que s'ils mettaient leur misère en commun, ils seraient peut-être moins misérables.

» Ainsi dit, ainsi fait ; et chacun apportant son petit sou par semaine, ils se trouvèrent au bout de l'année posséder beaucoup de gros sous. — Avec cet argent, dirent-ils, achetons en bloc du pain et des habits pour nous les revendre au détail, et ainsi nous garderons pour nous-mêmes tout ce que les marchands auraient gagné à nos dépens, et ils gagnent pas mal.

» Ainsi, dirent-ils, ainsi firent-ils. Et au bout de la deuxième, puis de la troisième année, en gagnant toujours, c'est-à-dire en toujours économisant, ils avaient plus que doublé leur avoir.

» Alors, plusieurs de leurs autres frères et compagnons se joignirent à eux, chacun apportant sa quote-part, et tous ces petits gains et ces petites économies firent une grosse somme.

» Et avec ce trésor, ils bâtirent de larges maisons et de vastes fabriques avec de hautes cheminées, et à tous les pauvres ouvriers qui venaient travailler dans leurs grands ateliers, ils disaient : Faites comme nous ! »

III

L'ASSOCIATION APPLIQUÉE A LA CONSOMMATION

PRINCIPALES SOCIÉTÉS COOPÉRATIVES DE LA GRANDE-BRETAGNE

Théorie et pratique ne valent l'une que par l'autre. Les récits du premier et plus important essai d'association pourraient suffire pour donner une idée exacte du principe tel qu'il a été formulé et appliqué en Angleterre ; mais d'un exemple choisi entre tous on n'aurait pas encore le droit de préjuger de la généralité des cas. Sans doute la Coopération a parfaitement réussi à Rochdale ; mais si, pour la faire aboutir ailleurs, il fallait nécessairement trouver des hommes d'un mérite aussi exceptionnel que celui des Équitables Pionniers, l'idée nouvelle ressemblerait à une fort belle pièce d'or qui, n'ayant pas cours n'aurait dans le pays qu'une valeur de curiosité. Pour réformer le labourage dans nos campagnes, il ne faudrait pas mettre dans la main de nos paysans incultes des araires trop perfectionnés, ils ne sauraient les manier; pour réformer la société, il faut des systèmes d'une application toute vulgaire. S'il fallait à la Coopération autant de héros que de coopérateurs, elle serait purement et simplement impraticable. En politique, en économie, en éducation, en industrie, partout et toujours, le grand art est de ne proposer aux masses et aux individus que des choses de compréhension facile et d'une application rudimentaire. Aux esprits d'élite de se proposer des buts difficiles à atteindre, aux grands cœurs de s'imposer de pénibles travaux, mais au vulgaire il ne faut demander que ce qu'il a : une moralité fort élémentaire, une compréhension très-limitée. La Coopération étant faite pour les masses, c'est dans les masses qu'il faut la juger.

L'observation est juste, nous tâcherons d'y faire droit en exposant rapidement les principaux essais qui ont été entrepris ailleurs qu'à Rochdale, et les résultats généraux d'un mouvement qui est déjà suffisamment répandu pour qu'on puisse porter sur lui un jugement décisif. En procédant ainsi, l'idée que nous retirerons de ce grand fait social sera moins abstraite, moins rigoureusement philosophique, mais elle sera plus réelle et plus compréhensible. Le système de la Coopération, en perdant quelque chose de l'expression très-accentuée que lui ont donnée nos amis les Pionniers, prendra une physionomie moins locale et plus nationale.

Rochdale est une ville de construction récente, élevée dans une vallée que l'industrie a couverte de grandes fabriques fort ennuyeuses à regarder, malgré leurs longues cheminées en forme de minarets. C'est là qu'habite depuis peu de temps une population descendue du haut pays, race puritaine, austère, sombre et violente, au visage carré, dont les traits sont taillés à coups de ciseau. Par contraste avec Rochdale, Coventry est une des plus anciennes cités de l'Angleterre; dans les fertiles campagnes des *Midland Counties*, on voit de bien loin déjà s'élever ses hautes et nombreuses tours. La ville abonde en souvenirs et en monuments historiques devant lesquels s'effacent les constructions modernes. Elle a été illustrée par le nom de sir Roger de Coventry, personnage du *Spectator*, et surtout par la légende de Lady Godiva, en l'honneur de laquelle les habitants célèbrent une procession le 23 juin de chaque année. Cette tradition forme un gracieux pendant à celle de Geneviève de Brabant; il est peu de sujets que les artistes anglais aiment davantage à illustrer dans leurs tableaux, leurs dessins et leurs aquarelles. Tennysson lui a consacré une de ses plus jolies ballades, et Marshall une de ses plus belles statues. Nous nous voyons donc obligé de lui consacrer un petit épisode, car il est impossible de passer par Coventry sans parler de la reine du lieu.

Lady Godiva était la dame d'un méchant seigneur qui accablait d'impôts ses malheureux vassaux. Les manants vinrent se plaindre à leur maître et lui dirent : Nous ne pouvons plus aller. A grand'peine nous sustentons notre pauvre vie. S'il nous faut encore payer tailles, impôts, corvées, gabelles et redevances, nous mourrons de malemort.

Ce qu'oyant, bonne Godiva fut fort navrée, et elle dit à son seigneur : N'entends-tu pas ces pauvres gens disant que si tu ne les prends en pitié, ils périront ?

Alors le chevalier se mit en moult grande colère et s'écria : « Par le sang, par le corps de Dieu ! bien ferai-je grâce aux croquants de la moitié de leur taille, mais pas avant que ma Lady, toute nue, sur son palefroi noir ne chevauche, par Coventry, d'un bout à l'autre bout ! »

— « C'est bien ! » répondit dame Godiva. Aux premiers rayons du matin, la belle et bonne dame monta toute nue sur son destrier, et, comme elle l'avait promis à son seigneur, elle traversa Coventry d'un bout à l'autre bout.

Or, la ville était déserte, et les sabots du cheval résonnaient dans la solitude. Tretous s'étaient cachés dans leurs maisons et ne soufflaient mot. Et personne n'y eut pour épier par la fenêtre, sauf un méchant petit tailleur derrière son rideau.

Ainsi fit bonne Godiva.

L'air est doux à Coventry, la population est principalement composée de bourgeois, bonnes gens en somme, flegmatiques et satisfaits. Des ouvriers en soie, doués par conséquent de goûts artistiques, fabriquent des rubans fort renommés en Angleterre. Travaillant isolément à leurs petits métiers, ces canuts se sont, jusqu'à présent, maintenus à côté de quelques grandes fabriques ; le prolétariat n'est pas encore tombé dans le paupérisme ; il a pu se conserver une aisance très-modeste, mais confortable encore. Dans cette ville, on fonda de bonne heure une *Association entre travailleurs de l'industrie et de l'agriculture ;* après avoir surmonté les premières difficultés on réunit jusqu'à 850 membres. Les magasins effectuèrent une vente annuelle de 300 à 325,000 francs, les bénéfices s'élevant à 20 % du capital engagé. Ensuite, une grande pièce de terre fut achetée en bloc, et parcellée entre les associés qui se délassaient des fatigues de leur métier sédentaire par quelques petites occupations en plein air, par la culture de fleurs et de légumes. Un salon de lecture, modeste mais très-fréquenté, avait été établi près des jardins, toutes choses qui nous font penser aux cités ouvrières de Mulhouse. L'esprit qui a inspiré cette entreprise était certainement plus aimable, plus libre, plus esthétique et autrement intellectuel que celui de nos sévères Rochdaliens. Malheureusement l'association de Coventry, exceptionnelle par son caractère, le fut aussi par son insuccès, qui fut la suite, soit de la crise de 1859, soit des fautes de la direction, soit de certains actes malhonnêtes de tierces personnes. Déjà cinq années avant la catastrophe, un des rudes Pionniers disait à M. Huber avec un sourire empreint d'amertume : « Nos amis de Coventry, il faut bien l'avouer, sont un peu mous de cervelle ! »

En bonne justice, il faut dire que les Coopérateurs se sont mis une seconde fois à l'œuvre et qu'un modeste *store*, établi strictement sur le modèle de celui de Rochdale, semble aujourd'hui en voie de prospérité.

En mai 1851, quelques ouvriers de bonne volonté fondèrent la *Liverpool Cooperative Provident Association*, dans le but de procurer aux membres de la Société des articles de vêtements et des denrées alimentaires de bonne qualité. Le premier achat de provisions fut emmagasiné dans le buffet d'un *Temperance Hotel*, ensuite on recourut à une chambre ; plus tard, on s'enhardit à louer une cave, mais l'humidité fit ravage sur le sucre et le thé. Après de mûres réflexions, une maison fut louée tout entière, diverses chambres étant sous-louées à des membres de l'association. Aujourd'hui, la Société possède de vastes magasins. Fin 1851, l'association ne comptait que 34 membres, avec 1,500 francs de capital accumulés par des payements de 6 sous par semaine. — Fin 1860, 1,245 membres possédaient un capital social de 55,000 francs, avec lequel ils avaient fait pour 410,275 francs d'affaires. — En 1861, 2,140 membres ; chiffre d'affaires, 703,400 francs ; dividende, 54,000 francs.

L'Association de Leeds a été fondée en 1848 par les soins d'un gentleman, digne et honnête courtier en marchandises. Il réunit une assemblée de 200 ouvriers pour s'entendre avec eux sur les moyens de remédier à la falsification des denrées alimentaires et surtout de la farine, falsification qui est pratiquée en Angleterre d'une façon aussi générale et aussi éhontée qu'ailleurs. Ces 200 ouvriers prirent chacun une action de 25 francs, payable par vingt-cinquièmes. Dix années après, l'association comptait 3,000 membres ; elle possédait, libre de toute dette, un moulin construit selon les règles les plus approuvées de l'art, et muni de magnifiques machines toutes neuves. Elle vendait annuellement pour 1,500,000 francs de farine parfaitement pure, et faisait un bénéfice net de 62,500 francs sur un capital engagé de 250,000 francs. Le dividende était partagé entre les associés au taux de 5 % du capital souscrit, plus une part dans le bénéfice net distribuée au prorata des achats. Les profits diminuaient les prix d'achat de près de 50 %, proportion énorme qui s'explique par le perfectionnement des procédés de fabrication, rendue moins chère qu'elle ne l'était à l'origine, et qu'elle ne l'est encore dans la généralité des minoteries circonvoisines. Des courtiers étaient chargés de vendre la farine du « Moulin du Peuple. » Mais on a fini par supprimer ces intermédiaires, non pas pour motif d'économie seulement, mais aussi parce que la Société aurait pu être considérée comme responsable de tel ou tel acte de malhonnêteté individuelle.

Les farines sont expédiées dans une dizaine de magasins gérés directement pour compte de la Société. L'immense succès du Moulin du Peuple a forcé, depuis, les concurrents à diminuer leurs prix en améliorant la qualité de leurs marchandises, et l'on estime que le public des consommateurs fait de ce chef un bénéfice de 6.250,000 francs par an.

Moins cultivés ou moins sociaux que leurs confrères de Rochdale et de Coventry surtout, les actionnaires de la minoterie de Leeds se sont, en 1858 seulement, décidés à se procurer un lieu de réunion avec journaux et bibliothèque. Aujourd'hui ils tâchent de regagner le temps perdu. Ils ont installé des magasins d'épiceries sur le modèle de ceux de Rochdale, des abattoirs, des crèmeries, des maisons de confection. La Société s'est lancée dans la construction; elle se vante de posséder la plus grande masse de bâtiments du Yorkshire. Il est vrai que son chiffre d'affaires est considérable, qu'elle compte 4,000 membres, et qu'elle possède 11 succursales. Le moulin livre 63,500 kilogrammes de farine par semaine; de nouveaux arrangements peuvent l'élever à plus du double.

La minoterie de Rawtenstall a été fondée par six coopérateurs déterminés, qui, à leur début, n'avaient à leur disposition que 5 fr. chacun. Aujourd'hui, leur association possède en toute propriété un capital de 75,000 fr. qui rapporte un intérêt annuel de 40 %.

La *Manchester et Salford Equitable Cooperative Society* doit son origine à quelques membres de la *Roby-Brotherhood*, qui avait été fondée le jour de Noël 1853, sous le nom de *Bond of brotherhood and Mutual Auxiliary Society* (Société du lien de fraternité et de secours mutuels), association de quinze ouvriers maçons, teneurs de livres, relieurs, papetiers, mouleurs, etc. Tous pauvres, mais tous d'une grande moralité et d'une affectuosité remarquable, ils ont, à leur guise, réalisé la donnée que Balzac proposait à l'élite de la jeunesse française dans son *Histoire des Treize*. Il y a quelque chose de touchant dans cette confraternité.

Sous aucun prétexte, aucun vide ne doit être remplacé; les survivants sont tenus de se réunir au moins une fois par an, le jour de Noël; ceux auxquels il est absolument impossible de se présenter en personne, doivent envoyer au moins des lettres avec leur portrait. Quelques membres ont émigré en Australie, aux États-Unis, en France; ceux qui sont restés en Angleterre se réunissent à certaines époques pour des conversations, des lectures de correspondance, et autres travaux des associés, et enfin pour faire des promenades et des excursions dans le pays

Issus d'une aussi noble origine, les *Équitables Coopérateurs* de Manchester se sont distingués par leur persévérance et une moralité à toute épreuve. Fondée le 4 juin 1859, avec quelques membres et un capital de 2,350 fr., la Société comptait, le 5 décembre 1860, cinq succursales et 1,650 actionnaires, un capital social de 101,000 fr. avait produit 17,325 fr. de bénéfice sur 342,975 fr. d'affaires. Dans son traité, qui a eu les honneurs du concours institué par le journal *the Dial* (le Cadran), M. Salked raconte que, jusqu'à ces derniers temps, les fonctions de directeur et de secrétaire avaient été exercées gratuitement par deux membres dévoués, qui consacraient aux achats les heures où ils auraient dû dîner, ce qui suppose beaucoup de prétendus repas avalés à la hâte, et pas mal de jeûnes forcés. Quant à la tenue des livres, l'inventoriement, les diverses opérations d'approvisionnement; quant aux réunions du comité de propagande, on s'en occupait encore passé minuit, alors que de paisibles songes venaient reposer les esprits de mortels moins affairés. Parmi les 97 premiers souscripteurs, plusieurs avaient envoyé des ordres écrits pour se faire délivrer leurs commandes le jour même. Voilà un embarras! pas de voiture, pas de cheval, pas d'argent pour en avoir, et des clients dont il ne fallait pas perdre la pratique. « Si la coopération devait aboutir, l'*englishism* (l'anglicisme) devait être sacrifié, et, renfonçant la combativité et la pugnacité naturelles aux fils d'Albion, deux des directeurs de l'entreprise louèrent chacun une brouette, s'y attelèrent bravement et se mirent en route, à neuf heures du soir, pour délivrer leurs paquets dans plusieurs quartiers de Manchester; à minuit, ils réveillaient tel ou tel de leurs confrères pour lui faire prendre livraison de la marchandise. Le lendemain et les jours suivants, les secrétaires se chargèrent de corbeilles et firent le service des transports. Quelques semaines après, on fut assez riche pour louer les services d'un commissionnaire, et, vers le milieu du quatrième mois, on se procura cheval et charrette, indispensables pour le service d'une entreprise de ce genre dans une ville aussi étendue que Manchester. »

En réfléchissant sur ce dernier exemple, l'on comprend pourquoi le sol et le climat de Londres ont été peu favorables à la naissance et au développement d'associations ouvrières, qu'au premier abord on aurait cru devoir y surgir aussi nombreuses que les fraises dans la forêt.

M. William Cooper, un des organisateurs du mouvement et secrétaire des Pionniers de Rochdale, s'exprimait ainsi : « Aux débuts d'une association de coopérateurs, il est absolument nécessaire de mettre en contact fréquemment les membres qui la doivent composer, pour que chacun d'eux connaisse parfaitement le but, la situation, les difficultés et les ressources de la Société ainsi que le caractère de ses membres. »

— « Mais, remarque à ce sujet M. Holyoake, la grande difficulté qu'on éprouve à Londres est précisément de réunir les gens. A Rochdale, le seul *objet pittoresque, mais relégué dans un quartier introuvable*, est, à ce qu'il appert, un certain petit pont qui enjambe comme un cheval de bois la Roach, rivière imaginaire, où, en fait de liquide, il n'y a que de la boue; il s'y trouve aussi, dit-on, une église avec un perron étroit, roide et inaccessible; et si, par improbable, on a pénétré jusque-là, on ne sait comment en sortir. Des rues ne conduisant nulle part traversent des agglomérations de maisons et longent des usines qui semblent bâties avant l'invention de *l'esthétique*. *Pas un bâtiment* qui fasse plaisir à regarder dans cette ville, bâtie à l'instar d'une tasse avec une rigole au fond et un cimetière sur le bord. En pareil endroit, il n'y a rien pour distraire les gens des projets qu'ils peuvent former. Rochdale est en train d'acquérir l'importance qu'il y a vingt ans acquéraient Bradford, Leeds et autres endroits qui songent maintenant à s'embellir; elle pourra plus tard devenir magnifique à son tour, mais aujourd'hui! Comparez Rochdale à Liverpool avec la *superbe Mersey, fourmillante d'embarcations*, Liverpool avec sa population flottante, ses grandioses bâtiments, ses *Halls* ouverts à tout le monde, et surpassant ceux de Londres en variété. On ne saurait le contester, il faut plus de dévouement à Liverpool qu'à Rochdale pour y faire réussir une entreprise de coopération.

— « Comparez ensuite telle ville de province, immobile, insignifiante ou ennuyeuse, à la capitale avec ses innombrables *attractions*, et la difficulté devient plus grande encore. A Londres, les gens ont trop d'esprit pour être utiles. Est-ce qu'on y trouverait une douzaine d'hommes pour s'attacher à un plan de réforme, et se réunir de semaine en semaine et au jour fixé d'année en année, sans jamais se laisser séduire par les séductions du dehors? C'est Dickens qui prononce un discours à Drury-Lane, ou qui fait à Saint-Martin's Hall la lecture de son *Carillon de Noël*; — c'est Thackeray qui, au Surrey-Garden's, raconte l'histoire des *Quatre George*; — c'est Spurgeon qui doit prendre place après lui; — c'est l'acteur Robson; — c'est la comédie de Sanders; — c'est le cardinal Wiseman qui prêche dans la rue à côté; — c'est le Dr Cumming qui fait un prône pour prouver que la fin du monde aura lieu samedi prochain; — c'est la musique du peuple qui joue dimanche à Regent's Park; —

Neal Don pérore à Exeter-Hall, et George Dawson se montre à Wittington-Club; — il y a Cremorne, Rosherville et Kew; — la Galerie Nationale et le British Museum; la Chambre des Lords et celle des Communes; le South-Kensington Museum; des réunions publiques où vont parler des orateurs que l'on n'a encore jamais entendus, que l'on n'entendra jamais plus!

« Certes, un homme doit être bien dévoué pour moudre le café avec conscience, pour surveiller la vente du sucre et du thé, pour assister pendant quatorze années à des comités divers, à des discussions sur les chandelles et la mélasse, tandis qu'au dehors s'agitent toutes ces nouveautés et toutes ces célébrités. Voilà pourquoi les mouvements populaires qui dépendent à Londres du bon vouloir des classes populaires et bourgeoises font si peu de progrès; il faut qu'un homme se sacrifie, qu'il choisisse un poste et le maintienne pendant des années en véritable sentinelle perdue. Pour réussir, les ouvriers de la grande ville doivent être aussi supérieurs à la moyenne de leurs concitoyens, que les Pionniers de Rochdale l'étaient aux autres prolétaires du Lancashire. »

Remarquons aussi que dans une cité immense comme Londres, où les individus disparaissent dans la multitude humaine comme des gouttes d'eau dans un étang, tout naturellement et comme par une nécessité morale, l'élite des habitants réagit contre l'absorption du milieu et se montre plus personnelle qu'ailleurs. C'est au milieu de ces immenses agglomérations que le tempérament nécessaire à l'association se développe le plus difficilement. C'est pour ce motif, sans doute, que les artisans de Londres ont donné davantage dans le système des Strikes et des Trades' Unions que dans celui de la coopération; ils préféreraient emporter directement et de haute lutte une position que, très-probablement, ils n'obtiendront jamais de cette façon, et que les Coopérateurs obtiendront certainement par des moyens strictement pacifiques et en réalité plus directs. Londres qui, en 1832 déjà, avait inauguré le mouvement par une sorte de *Cooperative Stores* (ils avaient eu le malheur de venir trop tôt!), Londres, disons-nous, a vu, en février 1851, l'éclosion d'une association pour la fabrication des machines, les *East London Engineers*, fondée par les énergiques frères Musto. Un millier de francs, qu'avait laissés de reste la grande grève de 1850, fut le noyau du capital social qui, en 1854, avait grandi jusqu'à 70,000 fr. Mais pour avoir voulu marcher trop vite et s'être, en 1855, lors de la guerre de Crimée, engagée pour des livraisons qui dépassaient ses forces, l'entreprise se vit emportée par la crise financière de 1856. Quoi qu'il en soit, les ouvriers de Londres ont eu honte de rester en arrière, et se sont mis à l'œuvre, surtout depuis 1860; et l'on nous signale une trentaine de sociétés encore peu considérables, parmi lesquelles nous remarquons le nom de la *Belmont Amicable Unity*, des *Good Intent Cooperative Stores* et celle de l'*Energetic Teetotaller*.

A Londres, comme dans toute l'Angleterre, ce sont les tailleurs et les cordonniers qui ont montré le plus d'aptitude pour la coopération. Il est facile d'en assigner la cause. Ces deux métiers demandent une certaine intelligence et ne sont pas assez matériellement fatigants pour absorber sans cesse ou annihiler la pensée. Les ouvriers de ces deux professions, si pauvres et si insalubres, sont en contact immédiat et fréquent avec les classes riches. Ils doivent, pour bien exécuter leurs commandes, avoir du goût, quelques sentiments d'art et d'élégance ; chaque instant de leur travail peut faire naître dans leur âme de douloureuses réflexions sur le contraste des positions entre le riche oisif et le pauvre travailleur. Les âmes fortes et les esprits pratiques ne s'abandonnent pas alors à de vaines protestations, mais cherchent plutôt des remèdes à leurs maux. Ils sont grands! L'incisif et l'original Dickens, dans nombre de ses romans, R[d] Kingsley dans *Alton Locke, Poet et Tailor*, Mayhew, dans *London Labour* et *London Poor ;* Mme Gaskell dans *Mary Barton, a Tale of Manchester Life*, et Arthur Wallbridge dans *Torrington Hall* ont décrit les souffrances des pauvres ouvriers. Pas de plus atroces que celles qui sont endurées par les pauvres tailleurs enfermés par leurs *sweaters*[1] dans les *Black Holes* de leurs ateliers, trous obscurs, surchauffés par une agglomération d'hommes et de femmes pressés pêle-mêle, fouillis de guenilles malpropres et de chair infecte. Parfois, du matin au soir et du soir à minuit, ils travaillent sans repos ni trêve, avec la plus insuffisante des nourritures, à des vêtements de soie, de satin et de velours. Jour et nuit, mois après mois, année après année, ils cousent, cousent et cousent avec des vertiges dans la tête, des nausées et des affaiblissements dans l'estomac ; avec leurs dernières gouttes de sueur transpirent les derniers sucs vitaux, les derniers restes du fluide nerveux ; de coup d'aiguille en coup d'aiguille leur vue s'émousse, le monde entier et leur âme s'assombrissent et leur vie s'éteint.

Il y a donc à Londres quelques associations de tailleurs, mais ce n'est

[1] C'est le terme populaire pour désigner le patron, celui qui extrait la sueur de ses ouvriers. « J'ai fait suer un chêne...., » disait une chanson de chourineur ou de malandrin. M. Kingsley décrit ainsi dans son roman social : *Alton Locke*, un grand atelier de tailleurs à Londres :

« Je reculai avec dégoût. C'était donc là que je devais travailler, ma vie durant peut-être ! « Dans cette mansarde écrasée de plafond, j'étais suffoqué par des odeurs de respiration et de « transpiration, des odeurs âcres de bière, des odeurs douceâtres et affadissantes de gin, et « par l'odeur acide et presque aussi dégoûtante du drap neuf. *Sur le plancher, dans un* « encombrement de saletés poussiéreuses, de rognures d'étoffes et de bouts de fil, étaient « accroupis de douze à quinze hommes, avec des yeux à la fois hagards et insouciants. J'en « frissonnai. Les fenêtres étaient hermétiquement fermées, pour empêcher l'entrée de l'air « glacial du dehors ; la respiration se condensait sur les vitres en ruisselets, à travers lesquels « on apercevait indistinctement des tuyaux de poêle et des nuages de fumée. » — *Alton Locke*, p. 19. Édition Tauchnitz.

pas dans la grande capitale qu'il faut chercher les plus importantes, toujours, pour les causes plus haut énumérées. A Liverpool a été fondée la première association de tailleurs; elle a maintenu son droit d'aînesse et est restée la plus considérable et la plus florissante de toutes; elle est même sur le point d'enrôler dans ses rangs la grande majorité des tailleurs de la ville. — N'oublions pas non plus la *Taylor's Cooperative Association and Provident Company de Hull.* Dans cette dernière ville avait été fondée, il y a quelque soixante ans, une compagnie minotière qui possède aujourd'hui deux moulins en activité et à laquelle on a fait l'honneur de donner le nom d'un premier essai de coopération, à cause de certaines dispositions libérales stipulées en faveur de ses membres. Nous la citons pour mémoire et pour être complet; mais, pour notre part, nous tenons comme condition essentielle et distinctive des Sociétés *nouvelles*, qu'une part soit faite dans les bénéfices aux ouvriers, ou au public des acheteurs. Un correspondant du *Coopérateur* fait valoir en faveur des moulins de Hull que, pour n'avoir pas été fondée dans l'intérêt spécial de M. Public, cette Compagnie a conféré à M. Public d'immenses avantages. Cela se peut fort bien, mais, selon nous, toute exploitation conçue dans l'intérêt exclusif de ses actionnaires peut avoir son mérite, sans être pour cela inspirée par les principes nouveaux.

Nous ne savons pas jusqu'à quel point cette observation peut s'appliquer aux entreprises dites de coopération, qu'on prétend avoir été fondées à Huddersfield, à Manchester, à Salford, à Eccles, à Worsley, à Bristol, et en plusieurs autres endroits, dans les premières années qui ont suivi 1830. Des associations de ce genre se sont maintenues jusqu'à nos jours: les moulins de Galashield, par exemple, qui, établis il y a une vingtaine d'années, sont encore en pleine activité, et les magasins d'épicerie fondés en 1833 dans la petite ville de Brechin, en Écosse, par 800 souscripteurs sans grande fortune. Le succès de cette spéculation avait dépassé les espérances de ses plus confiants actionnaires; d'année en année, les capitaux à peu près équivalents au capital souscrit primitivement s'élevaient de 75 à 100 %. Seulement, sauf l'imitation qu'en fit en 1842 la ville de Monrose, l'exemple de Brechin ne fut pas suivi. *Pourquoi?* Parce que probablement cette entreprise n'ayant en vue que l'intérêt de quelques-uns et non celui de tous, était dépourvue de tout principe fécond. Aussi, quand l'année dernière un discours de M. W. Chambers vint attirer l'attention publique sur le système coopératif, Brechin et Monrose entrèrent en révolution; la société des épiciers capitalistes fut bouleversée, les anciens cointéressés voulant maintenir telle quelle une affaire si lucrative, sans partager les bénéfices avec les acheteurs, et le parti des jeunes actionnaires voulant la remodeler sur le système de Rochdale. Incapables de vaincre la résistance du parti conservateur, les novateurs se retirèrent; leur scission amena la dissolution de la société mère, dont les restes vinrent grossir l'*Equitable Cooperative Society*, mais en l'arrêtant dans sa marche. Les dernières nouvelles de Brechin semblent toutefois satisfaisantes.

Le mouvement coopératif s'est propagé tard en Écosse, mais il a mis tous les esprits en fermentation ; s'il faut en croire les correspondances, il n'y a guère de ville ou de village qui ne soit en train d'appliquer le nouveau système. Comme de juste, la progressive Glasgow se distingue entre toutes. Édimbourg reste un peu en arrière ; cependant, une société très-intéressante y a pris naissance : la *Cooperative Building Society*, fondée par des ouvriers, des maçons principalement, dans le but de créer des logements à bon marché.

C'est à peine si les joyeuses nouvelles de la coopération semblent avoir pénétré dans la pauvre et ignorante Irlande. Mention nous est faite cependant de deux sociétés fondées, nous ne savons avec quel succès, à Dalkeith et dans la bourgade, au nom romantique et fort peu connu d'Inchicore. A Dublin, ville semi-anglaise, il s'est formé un store sous la présidence de M. Hayes, un homme de grand mérite, qui propose l'achat d'une pièce de terrain considérable devant être consacrée à la culture maraîchère par des jardiniers associés : *Erin go bragh !*

Nous résumons, d'après le traité de M. Salked, *Cooperative Societies, their workings and their results*, les réglementations principales établies par les Sociétés coopératives sur le modèle qu'en avait déjà donné Rochdale.

Leur but est le bien-être des sociétaires ; le moyen, l'économie ; l'instrument, les stores ou magasins.

Achats et ventes se font exclusivement au comptant ; car pour les stores la première condition du succès est de ne faire crédit à personne, et d'éliminer toute chance de perte en ne se découvrant jamais. Vendant à crédit, le magasin social serait obligé d'acheter lui-même à crédit. Il renoncerait ainsi pour lui et pour ses actionnaires au bénéfice de l'escompte, en immobilisant une partie de son capital, et en s'interdisant des profits dont ne pourraient pas lui tenir lieu des crédits accordés au taux même le plus usuraire. Il est de bonne règle de faire servir le même capital, sept, huit ou même neuf fois dans l'année ; c'est ce que les Anglais appellent le *retourner ;* et à chaque révolution il produit un intérêt fort modeste de 2 1/2 à 3 % qui, multiplié par 7 ou 9, donne des bénéfices de 20 ou 30 %. On a dit que le Store était une banque où le pauvre accumulait son petit pécule sou par sou, à la seule condition de payer comptant les denrées qu'il aurait pu peut-être acheter à crédit ailleurs, mais plus cher et d'une qualité inférieure. Le Store est cela, mais mieux encore : c'est une association de fournisseurs qui disent aux ouvriers : Tout ce que vous voudrez nous acheter vous sera compté au prix de revient du gros, avec déduction de l'escompte, et nous vous rembourserons la différence entre le prix du détail et le prix de revient, après avoir fait valoir le premier à votre profit. — Que ces chiffres de 25 ou de 35 % de bénéfices n'effrayent pas les consciences, car ils ne sont appelés *profits* que très-improprement, n'étant en réalité que des *économies*. Il ne viendra donc à l'esprit de personne de les qualifier d'usuraires. Du reste, l'usure est une idée toute morale qui n'a pas de signification précise en économie industrielle. L'intérêt est légitime, selon la quantité de travail qu'il représente pour le créancier et pour le débiteur : il se mesure, d'un côté, à la peine dépensée, et, de l'autre côté, au service rendu ; s'il n'y avait pas équilibre, l'intérêt serait usuraire. Tel épicier mal achalandé fait un métier de meurt-de-faim en vendant ses denrées de 75 à 150 % : tel colporteur ou marchand forain se fait payer ses articles de 150 à 300 %, et ces prix peuvent être fort modestes. Ne nous payons pas d'illusions et de sophismes. L'usure est un de ces gros mots qui ont toujours semblé plus terribles que la chose. — C'est très-vilain, l'usure ! Mais l'usurier ! combien de fois, dites, combien de fois l'usurier n'est-il pas le plus respectable des personnages ! — Voyons ! êtes-vous bien sûr que l'usurier fasse l'usure ? N'en a-t-on pas vu parfois qui étaient marguillier de profession et philanthrope de leur état !

Mais revenons aux règlements des sociétés de coopération : publicité absolue, comptabilité mise au net toutes les semaines et présentée immédiatement à l'approbation des actionnaires ; car « les bons comptes font les bons amis. »

Légalement, les sociétés de coopération sont enrôlées sous *l'Industrial and Provident Societies Act*.

On n'est reçu sociétaire que sur la présentation d'un membre et après approbation par le comité.

Les actions sont de 25 fr., payables par souscriptions hebdomadaires de 30 à 50 centimes. Dès que l'action est entièrement souscrite, elle porte intérêt à 5 %. Les actionnaires peuvent réclamer le remboursement en tout ou en partie de leur souscription ; si la somme est considérable, il faut prévenir la caisse à des intervalles déterminés. En général, chaque membre doit posséder 5 actions au moins et en peut posséder 100 au plus. La Société a le droit de rembourser les plus forts souscripteurs lorsque son capital devient trop considérable pour les profits réalisés.

Chaque trimestre, les bénéfices sont partagés entre les actionnaires, après déduction des frais d'exploitation, de la dépréciation du matériel, et de l'intérêt du capital social à 5 %. Le surplus ou bénéfice est distribué, moitié aux porteurs d'actions de capital, moitié aux porteurs des chèques indiquant le montant des achats effectués. Les chèques sont des jetons en étain remis à l'acheteur sur le comptoir en représentation de son achat. Si le client a payé 17 s. 4 1/2 d., il lui est remis 4 chèques :

une de 10 shillings, une seconde de 7 shillings, une troisième de 4 pence, une quatrième de 1/2 penny. Tous les trimestres, les morceaux d'étain sont changés pour des pièces de cuivre représentant des livres sterling. Cette complication est nécessitée par l'absence d'une monnaie anglaise établie sur le système décimal. Ces chèques sont échangeables chaque trimestre soit contre une part dans les dividendes, soit contre des actions ou parts d'actions. De cette manière, un coopérateur qui, chargé d'une nombreuse famille, est trop pauvre pour payer sa souscription de 30 centimes, peut devenir actionnaire par le fait même qui le mettait dans la gène : la forte consommation. Un homme du Lancashire disait dans son patois : « En vivant on voit du nouveau; c'est la première fois que je vois quelqu'un gagner d'autant plus qu'il dépense davantage. » Le dividende payable contre présentation de chèques est un peu plus fort pour le sociétaire que pour le non-sociétaire, la différence étant applicable au fonds d'amortissement. Nous ne croyons pas que cette distinction soit bien nécessaire, d'autant plus qu'elle occasionne une foule de fraudes qu'il paraît bien difficile de prévenir. Le conseil d'administration est composé de cinq à huit membres exerçant des fonctions gratuites ou rétribuées, selon qu'il en est décidé en assemblée générale.

Le comité est renouvelable chaque semestre par moitié; tous les membres sont rééligibles. L'expérience a prouvé qu'il était de bonne politique de changer de directeurs et d'administrateurs le plus souvent, et d'employés le moins souvent possible. Nous avons vu que les *Trades' Unions* adoptaient les mêmes errements.

D'après la loi, tous employés comptables sont tenus de fournir cautionnement.

Les membres qui ont des plaintes ou des réclamations à adresser se rendent directement auprès du comité siégeant en conseil. « Un Anglais grommellera toutes les fois qu'il en aura l'occasion. » Les séances du comité donnent un précieux moyen de faire échapper par une soupape de sûreté la vapeur qui, autrement, aurait pu faire sauter la chaudière.

Il serait difficile de dresser une statistique tant soit peu exacte du mouvemement des coopérateurs. La statistique est comme l'histoire; elle s'occupe des faits accomplis et ne peut intervenir qu'avec une extrême réserve sur le terrain des faits en formation. Les associations nouvelles surgissent de tous côtés dans une foule de villes et de villages : on parle, on discute, on travaille, on essaye, on abandonne et on reprend. Il n'y a pas de démarcation tranchée entre une première entreprise qui a cessé de vivre et une seconde qui n'a pas encore commencé. — On se trouve dans une prairie, on en voudrait compter les fleurs : Celle-ci est bien flétrie et toute desséchée, est-ce une fleur encore? Et ce bouton entr'ouvert, est-ce une fleur déjà ?

Le journal *le Cooperator* donne, dans son numéro d'octobre dernier, les noms de 400 stores pour la vente d'objets de consommation, de vêtements, etc. Cette liste, qu'il déclare lui-même fort incomplète et provisoire, ne comprend pas les fabriques, les filatures, les manufactures diverses, etc. On y voit que, sauf deux ou trois exceptions, tous les Stores rapportent à leurs actionnaires un intérêt annuel de 5 %, et à leurs clients, un revenant-bon sur leurs achats, qui s'élève par trimestre de 5 à 7 1/2 %, soit 25 à 35 % par an, comme nous l'avons vu plus haut.

300 de ces sociétés ont déclaré compter un personnel de 77,000 membres environ, ce qui fait 260 membres pour chacune.

297 ont accusé un capital de 8,725,000 fr., soit par société 29,000 fr., et par membre 113 fr.

109 ont réparti dans le dernier trimestre un bénéfice de 2,103,500 fr., soit 19,300 chacune.

Nous ne voudrions pas pousser bien loin le calcul des moyennes, de peur de tomber dans des exagérations en plus ou en moins. Du reste, il ne faut point perdre de vue qu'en pareille matière, les chiffres ne peuvent être qu'approximatifs, et qu'il est dans leur nature de changer chaque jour de valeur relative autant que de valeur absolue. Il nous semblait nécessaire de rappeler cette observation avant de procéder à une nouvelle évaluation sommaire. En supposant 450 sociétés coopératives (nombre probablement un peu au-dessous de la réalité) et en leur attribuant un capital social de 29,000 fr. (moyenne acquise ci-dessus, mais qui est probablement un peu trop forte pour la totalité des cas), nous avons comme montant des sommes engagées dans les associations pour la consommation le chiffre très-approximatif de . 13,000,000 francs.
au moyen duquel il se fait pour plus de. . . 104,000,000 —
d'affaires, laissant un bénéfice de près de. . . . 4,000,000 —

Quatre millions de francs à répartir entre 110,000 ouvriers, chefs de famille pour la plupart, c'est un résultat qui pourrait paraître bien modeste au Stock-Exchange, où l'on voit une demi-douzaine d'agioteurs en empocher autant à chaque liquidation. Mais qu'on y réfléchisse bien : ces quatre millions n'ont pas fait que changer de main et se loger dans le portefeuille de M. Trois-Étoiles après avoir séjourné dans celui de M. Deux-Étoiles ; ces quatre millions ont enrichi d'autant la communauté, par la suppression d'intermédiaires désormais inutiles. Les économies équivalent à une production ; car produire à meilleur marché, c'est produire davantage. Et ces économies n'ont pas qu'une valeur négative, elles ont été réalisées comptant, et sont entrées dans l'escarcelle de braves ouvriers.

Ce résultat, bien satisfaisant déjà, gagne considérablement en importance quand on réfléchit qu'il se maintient dans les conditions actuelles.

Une crise, une des plus douloureuses qui ait jamais affligé l'Angleterre, sévit aujourd'hui dans les districts manufacturiers sur lesquels règne la disette, ou, comme le peuple l'a appelée, la Famine du coton. Toutes les petites bourses sont fermées à triple tour, toutes les dépenses sont réduites au plus strict nécessaire. Au 15 août dernier, plus de 160,000 ouvriers et leurs familles ne subsistaient plus que par les secours de la charité, et l'on a calculé qu'à dater de ce jour, l'armée de la misère se grossissait de jour en jour de 3 à 4,000 malheureux, qui devaient quitter leur atelier désert ou leur foyer désolé pour errer sur la voie publique. La honte dans les yeux, la douleur au cœur, les uns après les autres, ils vont tendre la main à la porte du workhouse abhorré ; ils implorent de quoi subsister, eux et leur pauvre famille! — Partout où la Coopération a été à l'œuvre, la misère a été sensiblement tenue en échec, et, pris en masse, les Coopérateurs ont pu jusqu'à maintenant se préserver du paupérisme, cette pestilence affreuse. Et si l'Association a pu être si bienfaisante dans les mauvais jours, que ne pourrait-elle pas accomplir dans les temps de prospérité publique!

IV

L'ASSOCIATION APPLIQUÉE A LA PRODUCTION

Il n'est qu'une voix en Angleterre pour constater l'éclatant succès des Cooperative Stores. Commerçants, aristocrates et financiers ont été également surpris. Richard Cobden a consacré au mouvement quelques-uns de ses éloquents discours. John Bright, le maire de Rochdale, a raconté l'histoire des Pionniers à la Chambre des Communes. Brougham s'est fait le parrain des Stores auprès de quelques cercles scientifiques, en particulier auprès de la Société pour l'avancement des sciences sociales. Des Lords, des Lords eux-mêmes, ont daigné en parler favorablement, par exemple Lord Teynham. Ce dernier est celui qui a défendu la cause du suffrage universel à la tribune de la Chambre Haute; c'est aussi celui qui a osé prêcher ses croyances religieuses du haut d'une chaire de Baptistes, *a vulgar people*. Tant de vertu semblera peut-être excentrique, et l'on trouvera plus décisive l'approbation donnée par Lord Stanley[1], fils du comte Derby, la fleur des pois de l'aristocratie

[1] Le même qu'on a dernièrement proposé au peuple grec de prendre pour roi, à défaut du prince Alfred.

anglaise. Ce *nobleman* a « lecturé » le public au sujet de la Coopération qu'il a très-courtoisement patronnée. Tel autre grand seigneur a fait écrire au *Cooperator*, par son révérend chapelain, une lettre quasi-officielle pour certifier que l'aristocratie voyait avec plaisir se développer un système qu'elle croyait essentiellement favorable aux intérêts des propriétaires.

L'Association ayant si bien réussi aux consommateurs, il était tout naturel de la conseiller aux producteurs. Mais quand on se mit à l'œuvre, on s'aperçut que les conditions faites aux uns et aux autres étaient bien différentes. Les « voix autorisées » et les « hommes sérieux » se sont exprimés sur l'Association entre producteurs avec d'autant plus de blâme ou de réserve qu'ils avaient décerné plus d'éloges à l'Association entre consommateurs. S'il ne s'agissait que de malveillances ou d'incrédulités, le mal ne serait pas grave; mais les difficultés ont été telles, que la discorde s'est glissée dans le camp des Coopérateurs eux-mêmes.

Les Stores, avons-nous vu, achètent et vendent comptant. Pas de frais de réclame, de publicité, ni d'étalage. Vendeurs, acheteurs et intermédiaires, étant tous intéressés au succès de l'entreprise, les dépenses d'exploitation sont réduites au strict minimum ; les seules pertes subies sont les détériorations de certaines marchandises, et la vente en temps de baisse de quelques denrées achetées en temps de hausse. La consommation se renouvelant incessamment, le chiffre des affaires faites pendant l'année est, en général, huit fois plus considérable que celui du capital.

Appliqué aux manufactures, le nouveau système ne peut pas être d'un fonctionnement aussi simple et aussi avantageux. A la réunion des membres de l'Association pour l'avancement des sciences sociales, tenue à Glasgow en septembre 1860, sir James Emerson Tennent a présenté les intéressantes remarques que voici :

« Le succès des Stores est palpable; les causes de leur réussite sont également manifestes. Une association qui est son propre consommateur, en même temps que son fournisseur et son distributeur, possède, pour peu qu'elle soit bien dirigée, tous les éléments de profit et de sécurité.

» Mais les ouvriers, continue-t-il, se sont lancés dans une autre entreprise dont l'issue est, à mon avis, fort incertaine, la nouvelle opération étant, par la force même des choses, en dehors de leur contrôle et de leur direction. Aussi longtemps que les affaires sont limitées à la vente d'objets de première nécessité incessamment renouvelés que les Coopérateurs s'achètent à eux-mêmes, l'approvisionnement se règle sur des besoins connus et immédiats. Il n'en est plus ainsi dès qu'il s'agit d'usines et de fabriques, lesquelles, ne consommant pas elles-mêmes leurs propres produits, sont soumises à tous les hasards de la concurrence et du marché. Les produits manufacturés, vêtements et autres, sont d'une consommation qui est relativement beaucoup plus lente que les objets d'alimentation qu'on achète chez les épiciers et autres fournisseurs. Dès que la production n'a plus de règle mathématique, le principal instrument de succès pour les Stores est hors de cause. Par suite, la Coopération perd son caractère distinctif : se transformant en co-capitalisation, elle court tous les risques auxquels sont exposés les capitaux ordinaires. » — Il faut encore considérer qu'une fluctuation dans le prix des matières premières se répercute au double dans le prix des produits. Chose plus grave encore : la gestion d'une manufacture comporte une foule d'éléments sur lesquels les classes populaires ont reçu peu ou point d'instruction. Elle suppose la connaissance de la physique, de la chimie théorique et appliquée, de la mécanique, des mathématiques, et d'une foule de détails commerciaux, géographiques et politiques.

On dit aussi que de toute nécessité une grande manufacture ne doit obéir qu'à une volonté unique ; on dit qu'un comité d'administration serait, dans un moment donné, incapable de montrer autant de décision qu'un gérant ; on prétend même que le conflit de volontés équipotentes est le grand vice du système d'association ; et cela par la raison donnée par Frédéric II, de Prusse : « A la tête d'une même armée, il y a quelque chose de pire qu'un mauvais général, c'est deux excellents généraux. » L'on cite effectivement la déconfiture de deux manufactures coopératives, celles de Penndleton et de Paddiham, dans le Lancashire, qui n'ont pas pu marcher, parce que le plus modeste ouvrier y voulait occuper une place de contre-maître. Restent ensuite les grandes questions des salaires et de la répartition des bénéfices.

D'après les critiques fort judicieuses qui précèdent, les difficultés théoriques s'opposant à la réalisation du projet des producteurs associés seraient immenses, et la probabilité de leur succès plus qu'incertaine. Hé bien ! le vrai danger était ailleurs. Comme ils ont dû s'étonner, ces hommes sérieux et ces connaisseurs en économie politique, en apprenant que la ruine de quelques manufactures sociétaires a été incomparablement moins préjudiciable à la cause des Coopérateurs que de trop faciles succès, disons mieux, que des succès exorbitants ! — Pour peu qu'on y regarde de près, on verra s'expliquer ce paradoxe apparent par les lois mêmes de la nature humaine.

Les commencements de la minoterie de Leeds avaient été difficiles, ceux de la minoterie de Rochdale l'avaient été encore plus. Malgré leur entente des hommes et des choses, malgré leur inflexible volonté, les Pionniers avaient failli échouer, et même l'un d'eux était mort à la peine ; mais enfin, après bien des traverses, le triomphe avait récompensé leur dévouement. Les minoteries, les boulangeries qui fabriquaient le pain à la mécanique formaient la transition naturelle de la consommation à la production. Le moment décisif était venu. Sous peine de recul, c'est-à-dire sous peine de suicide, le principe progressif des Coopérateurs devait conquérir la manufacture des cotons qui est l'industrie la plus nationale et la plus progressive de la Grande-Bretagne. Effectivement : instruits par leurs expériences antérieures et par leur pratique journalière d'ouvriers cotonniers, les Coopérateurs de Rochdale, on se le rappelle, établirent sans trop d'encombres leur filature, qui bientôt devint, sous leur direction, un établissement aussi prospère qu'important.

La *Manchester Cooperative Spinning and Manufacturing Company* à Newton-Heath inaugurait en octobre 1861 son tissage, et le filage devait suivre bientôt; 450 actionnaires, la plupart ouvriers, avaient souscrit 5000 actions de 25 fr. chacune, soit un capital de 125,000 fr. De nouvelles actions devaient être émises par la suite. Aujourd'hui, le bâtiment contient 381 métiers pour tissage. Part des bénéfices (on ne dit pas laquelle) devait être attribuée aux ouvriers.

Inutile d'énumérer toutes les associations manufacturières qui ont été fondées. Mentionnons comme d'un bon augure pour l'avenir l'établissement de manufactures sociétaires à Preston, Colne et Clitheroe, localités que des grèves ont rendu trop célèbres, et qui, nous l'espérons bien, ne verront jamais plus renaître ces guerres désastreuses entre employeurs et employés. Ce fut la fille d'un riche manufacturier, miss Alice Birdwhistle, qui donna le premier coup de truelle à une fabrique fondée par des ouvriers associés. Ensuite elle prononça, ou plutôt gazouilla[1] quelque petit discours, dans lequel elle a sans doute annoncé l'aurore d'une ère nouvelle, la réconciliation du travail et du capital.

Les ouvriers ne se sont pas bornés à établir des filatures de coton, ils ont pensé que l'Association était bonne à tout. Leurs sociétés de bienfaisance et de secours mutuels les avaient déjà familiarisés avec le nouvel instrument du progrès. Des clubs de toute espèce se sont formés, les plus répandus donnent à leurs membres le moyen de fêter somptueusement Noël en famille. D'autres prennent des abonnements avec des tailleurs, qui livrent aux associés des pantalons et des redingotes à bon compte. Dans les *Watch-Clubs*, un certain nombre de jeunes gens groupent leurs cotisations hebdomadaires, avec le produit desquelles on achète des montres, qui sont réparties entre les souscripteurs, par voie de tirage au sort. Rochdale possède une Société d'enterrements mutuels : *Equitable Provident Sick and Burial Cooperative Society*. Les ouvriers s'associent pour acheter et pour exploiter des mines de houille, pour fabriquer des casquettes, des boutons de guêtres. A Coventry ils se sont unis pour la fabrication des montres — à High Wycombe pour celle des chaises, — à Rochdale, Édimbourg et High Wycombe des rangées de maisons ont été bâties et acquises par les ouvriers, à Acerington l'on parle de rues entières. — Nous regrettons de devoir dire à cette occasion, qu'une

[1] *Birdwhistle*, traduisez littéralement : sifflet, chant d'oiseau.

imprimerie coopérative n'a pas trouvé pour se constituer un nombre d'actionnaires suffisant.

Au moment où la crise cotonnière avait déjà commencé, Lord Brougham évaluait à une cinquantaine de millions le capital engagé dans les associations industrielles d'ouvriers. Au commencement de 1861, les trente plus importantes parmi celles-ci avaient émis pour plus de 25,000,000 de capital social, soit en moyenne pour plus de 800,000 fr. Voici comment s'exprimaient sur les manufactures coopératives M. Alex. Redgrave et sir John Kincaird, dans leurs rapports officiels des mois d'août et de février 1861 :

« Les sociétés de Coopération se multiplient. Elles sont presque entièrement composées d'ouvriers. Chacune possède en moyenne un capital de 250,000 fr. divisé en actions de 125 à 250 fr. Elles émettent des obligations. J'ai appris que dans la seule ville de Bury, la somme requise pour faire marcher les manufactures de cette espèce, bâties ou à bâtir, ne s'élève pas à moins de 7,500,000 fr. — Ailleurs, les tisseurs se réunissent sous des hangars (*sheds*) communs, achètent du fil, louent des métiers et vendent leurs tissus à d'autres manufacturiers ou à des marchands ; ils y gagnent de n'avoir à risquer que des frais insignifiants de premier établissement, de travailler à leurs pièces avec les membres de leur famille, et de rester leurs propres maîtres. »

Un formidable élan avait été donné par le succès vraiment prodigieux de la filature de Wardle et Bacup. En octobre 1859, elle déclara un dividende de 44 °/₀ sur le capital versé. En juin 1860, elle paya 48 °/₀. Six mois après, elle affirmait un nouveau bénéfice de 25 °/₀ qui représentait 50 °/₀ de bénéfices annuels. « A Bacup, dit M. Farn, les gains pour l'exercice 1861 ont été de 300,000 francs, et cependant la crise cotonnière exerçait déjà ses ravages, et les temps étaient loin où le manufacturier recueillait 300,000 fr. de bénéfice net par chaque 200,000 fr. qu'il payait en salaire à ses ouvriers. »

Quand on apprit que certains associés Coopérateurs avaient touché jusqu'à 60 °/₀ pour un argent qu'ils avaient emprunté à 5 °/₀, l'enthousiasme gagna les esprits comme un incendie. En Écosse, de petits rentiers, des propriétaires, des industriels, des commerçants vendirent leurs maisons, leurs fonds de commerce, leurs outils, leur petit avoir, pour les investir dans quelque entreprise de Coopération ; une fièvre de cupidité maligne s'empara des âmes. Les agioteurs qui, ne l'oublions pas, étaient pour la plupart ouvriers, se ruèrent sur Rochdale. Des spéculateurs se précipitèrent sur l'invention pour l'exploiter ; ils en firent une chose vile et malhonnête. Pour préserver l'esprit moral de leur entreprise et ne pas se laisser déborder par les mômiers, les Équitables Associés avaient, comme on se le rappelle, suspendu pendant six mois l'admission de tout nouveau membre. L'exemple qu'ils avaient donné dans leur Store ne fut pas suivi dans la manufacture à l'égard de ces pourchasseurs de dividendes; on accepta tous les souscripteurs qui se présentaient, et, avant qu'on s'en rendît bien compte, l'ennemi était dans la place, le vieux monde avait reconquis Rochdale.

Ce fut donc avec une stupéfaction douloureuse et la rougeur au front, que les Pionniers annoncèrent que, dans la Ville Sainte de la Coopération, une majorité d'ouvriers, réunis en assemblée d'actionnaires, avaient, en dépit des règlements sociaux, décidé de forclore de toute participation aux bénéfices les ouvriers, leurs confrères, qu'ils avaient embauchés dans la manufacture nouvelle. Enhardis par ce coup d'État, d'autres actionnaires à Rochdale et hors de Rochdale proposèrent et firent même accepter l'interdiction aux camarades par eux salariés de souscrire aux actions de capital; l'Association, selon leur idée, ne devant exister qu'entre exploiteurs. Bien plus, on fit défendre aux ouvriers souscripteurs de travailler dans leur propre fabrique, sans doute pour qu'aucune atteinte ne fût portée au prestige d'oisiveté qui doit entourer le nom d'actionnaire. Accusés de socialisme et d'irréligion, les Équitables Pionniers furent très-malmenés. Des ouvriers qui se connaissaient en économie politique prouvèrent en patois que le partage des bénéfices entre artisans et patrons était une doctrine communiste, une chose immorale et irréligieuse. Et si le travailleur ne devait avoir aucune part dans les bénéfices issus de l'œuvre de ses mains, à plus forte raison l'acheteur devait-il être frustré de sa part dans les gains réalisés sur lui; à plus forte raison fallait-il que les Stores achetassent au meilleur marché pour vendre au plus cher. A les en croire, l'Équitable Pionnier devait cesser d'être le champion de l'avenir, pour s'enrôler *bravement* dans la corporation des négociants en denrées coloniales. « Rien n'est changé, aurait-il pu s'écrier après son apostasie; il n'y a dans le vieux monde que quelques épiciers de plus! »

« Comment en un plomb vil l'or pur s'est-il changé! »

— « Ces soi-disant Coopérateurs, s'écria le *Reasoner*, ne sont que des égoïstes qui, substituant à l'ancien patron une centaine de maîtres nouveaux, établissent le *Hundred Master's system* (le mot est resté), ou le règne des cent tyrans. Ces gens-là ne pratiquent qu'une Coopération bâtarde, ou plutôt ils font de la coalition. Les coalitions sont des unions entre maîtres, mais la Coopération est l'union entre hommes libres; les unes se font au profit des capitalistes, l'autre a pour but l'intérêt collectif de ceux qui travaillent!

» Quelques ouvriers apprenant que, grâce au nouveau système, certains de leurs camarades gagnaient beaucoup d'argent, se sont précipités sur l'entreprise, sans même se soucier d'en comprendre les principes. Aussitôt qu'ils ont été admis dans l'Association, ils se sont retournés contre ceux qui voulaient y entrer à leur tour, et se sont écriés : « Nous aussi sommes de petits maîtres! Nous ne voulons pas partager nos bénéfices avec nos ouvriers! Ailleurs, on ne les partage pas, pourquoi donc les partagerions-nous?

« Et comme ces égoïstes avaient droit de vote, ils ont proposé d'exclure des bénéfices communs certains de leurs nouveaux camarades. Hier encore ils déclamaient contre les injustices sociales, aujourd'hui ils se mettent au niveau de leurs maîtres; hier ils se vautraient dans la fange de la servitude, aujourd'hui ils veulent y écraser leurs frères. Ces ouvriers sont la honte du prolétariat! »

En se produisant sur un marché encombré de cotonnades, le déficit de la matière première semble avoir préservé l'industrie anglaise des faillites et des banqueroutes qui seraient résultées d'une production surabondante. Par un phénomène connu en physique sous le nom d'interférence, les deux crises, en se superposant, se sont neutralisées l'une l'autre, jusqu'à un certain point, et pendant un certain temps. A quelque chose malheur est bon; le point d'arrêt dans la production manufacturière paraît avoir débarrassé la Coopération de ses ignobles parasites. L'infortune fortifie les hommes vaillants, et surtout elle les délivre de tous les faux frères et des faux amis.

Quoi qu'il en soit, le nom révéré de Rochdale a reçu une flétrissure. Des Équitables Pionniers, ulcérés de l'insulte faite à leur œuvre, ont déclaré vouloir marcher de nouveau à la tête du mouvement; ils n'attendent, disent-ils, que la fin de la crise pour fonder une manufacture dans laquelle les ouvriers entreront dans le partage des bénéfices. C'est là que nous les attendons avec une inquiète sollicitude. — Quelles parts feront-ils au travail et au capital? La question est d'une importance vitale; de la réponse dépendent l'avenir de l'Angleterre et du monde industriel et, jusqu'à un certain point, l'avenir de la société moderne.

La solution de ce redoutable problème économique n'est point facile à donner; car il s'agit de concilier deux puissances antipathiques jusqu'ici, et de trouver une mesure commune à deux termes mobiles qui semblent se fuir incessamment, vu que la proportion entre le travail et le capital varie constamment d'une industrie à l'autre. Certaines difficultés ne sauraient être résolues, à moins de faire appel au cœur et à la conscience. La détermination du partage équitable à effectuer entre l'ouvrier et son commanditaire est une de ces questions-là.

Ce qui nous enhardit à aborder un sujet aussi délicat, c'est la conscience de notre bonne volonté, le désir de bien faire, et aussi l'espérance d'être utile. La transformation intime des conditions économiques actuelles, la mise de l'instruction et des instruments de travail à la portée de tous, telle est la grande tâche dévolue au XIXe siècle. A cette œuvre de rénovation sociale, il est de l'honneur et du devoir de chacun de nous de contribuer pour sa quote-part, aussi modeste fût-elle ! On le sait, la question économique est, en politique et en morale, au fond de tous les événements importants. A cause d'elle, un million cinq cent mille hommes *s'entr'égorgent aux États-Unis*; à cause d'elle, la gêne et la famine se sont abattues sur des populations entières. On l'a remarqué : la misère a frappé les districts industriels en raison inverse des progrès économiques qu'ils ont accomplis. Les Coopérateurs ont été bien moins cruellement frappés que les ouvriers leurs voisins qui ne s'étaient point départis des anciens errements [1]. Par conséquent, l'adoption universelle du système d'association délivrerait le pays de nouvelles invasions de la misère; la diffusion des principes et des moyens de progrès économiques équivaudrait à une production plus abondante et plus réglée. Chaque nouvelle vérité sociale devient tôt ou tard un bienfait matériel et contribue pour sa part au bien-être général.

Qu'on ne s'y méprenne pas : ces questions d'employeurs et d'employés, de patrons et d'ouvriers, d'intérêts et de capital, de travail et de répartition de bénéfices, sont les plus irritantes de notre époque, parce qu'elles en sont aussi les plus graves. Les plus graves sont les plus urgentes. Nous ne les voulons toucher que d'une main prudente et calme. Que nos lecteurs se laissent aussi prier de les aborder avec un large sentiment de fraternité humaine, et avec l'idée qu'en matière d'organisation du travail il y a beaucoup à changer pour le mieux. — Puis, est-il besoin de le dire ? Notre conviction est profonde et enracinée, mais elle est tout individuelle. D'un bout à l'autre, la présente étude ne peut ni ne doit exprimer autre chose que les appréciations personnelles de son auteur, heureux, *mais non surpris de la bienveillante hospitalité* que, dans un but de libre discussion, la *Revue* a donnée à ce travail.

Pour être aussi clair qu'il nous est possible, nous commencerons par le commencement, mais en promettant d'être bref. En premier lieu se présentent les deux opinions extrêmes dont l'une refuse au capital, et dont l'autre refuse au travail toute participation dans les bénéfices.

La première arrive escortée de hautes autorités. Elle a été proclamée dans tous les temps, et dans tous les lieux ; elle est sanctionnée par la

[1] Depuis que ces lignes ont été écrites, la misère qui exerçait déjà ses ravages en Angleterre s'est propagée dans plusieurs provinces de la France. Elle est devenue manifeste, elle est intense, elle est criante. Et le fait que l'on a observé chez les Coopérateurs anglais a été remarqué également chez les ouvriers d'Alsace comparés à ceux de la Normandie. La misère est venue d'autant plus tard, elle sévit d'autant moins sur les populations que patrons et ouvriers ont avancé davantage dans les doctrines et dans les pratiques de l'économie politique moderne. Les progrès sociaux ne sont autre chose que des progrès intellectuels et moraux ; ils se résument tous dans une solidarité de plus en plus étroite entre patrons et patrons, entre ouvriers et patrons, et surtout entre ouvriers et ouvriers.

plupart des religions qui proscrivent toute espèce d'intérêt. Dans cet ordre d'idées, l'ouvrier de Bacup et de Wardle n'aurait pas eu le droit d'emprunter à 5 % pour gagner 60 %, le capital n'ayant pas droit même à l'intérêt de 5 % devenu sacramentel aujourd'hui. Il faudrait donc interdire le 4 %, le 3 % et le 2 %; car l'intérêt, disent les canons de l'Église, est usuraire de sa nature. — On serait fort embarrassé de répondre logiquement aux canons de l'Église. Par contre, on serait fort embarrassé de nier que le prêt d'un capital est un service qui mérite quelque récompense. Voilà pour la théorie. Quant à la pratique, ces logiciens, qui auraient triomphé dans le champ clos de la théologie, seraient fort empêchés de constituer, sans capital, une entreprise même d'utilité publique, et de réunir ce capital sans offrir au financier un intérêt suffisant. Au point de vue de l'équité et du compromis pacifique, il tombe donc sous le sens que le capital doit être admis dans la participation des bénéfices. En toute justice, l'engagement pris par le capitaliste de laisser pendant un certain temps son capital engagé dans l'entreprise constitue un certain service qui correspond à un certain intérêt.

Le second système, qui refuse au salarié toute participation dans les produits de son travail, remonte également à la plus haute antiquité. Tout aussi logique que le précédent, ce système se base sur le droit du propriétaire d'user et d'abuser de sa propriété, sous toutes les formes qu'elle peut revêtir. Dans cette conception, la propriété n'est pas un fait d'ordre relatif, mais d'ordre absolu, un fait éternel, et qui, sous le nom de *mainmorte*, survit au propriétaire. La loi anglaise s'inspirait de ce principe de propriété quand même, alors qu'elle ordonnait de pendre l'homme qui aurait volé la valeur d'une corde de chanvre. Poussée à ces dernières conséquences, cette loi autoriserait le bourreau à ouvrir le ventre d'un homme soupçonné d'avoir avalé une pièce d'argent; elle déclarerait esclave, pour la vie, l'homme qui aurait accepté, pour sustenter sa vie, une écuellée de nourriture. Ainsi raisonnait Jacob vis-à-vis de son frère Ésaü qui se mourait de faim; ainsi raisonnait Joseph, cet astucieux spéculateur en farines, qui, opérant pour le compte du roi, fit vendre aux paysans d'Égypte leur liberté en échange de quelques sacs de blé. Le maître qui donne à manger est le maître de la vie [1]. Le détenteur des instruments de travail peut exiger pour leur loyer tout ce qu'il lui plaira demander. Si, en face de quelques misérables affamés, le capitaliste condescend à ne pas employer sa fortune à brûler des

[1] Étymologiquement, le mot anglais de *lord*, le seigneur, s'explique par l'équivalent allemand de *brodherr*, le maître du pain : « Donne-nous notre pain quotidien ! » s'écrie-t-on dans l'Oraison dominicale.

feux d'artifice ou à casser des porcelaines de Sèvres, s'il daigne, moyennant salaire, donner du travail à quelque ouvrier, celui-ci, après avoir mangé son morceau de pain, n'a rien à réclamer. Le salaire lui-même, cette maigre pitance, est, pour ainsi dire, un don auquel le misérable n'a pas le droit de prétendre. Au fond, le pauvre affamé possède peut-être comme le cannibale le droit de tuer n'importe qui, le riche, par exemple, et de le manger à défaut de pain (car on n'a jamais pu savoir jusqu'où allait le droit de défense personnelle et de conservation individuelle); — mais il n'a pas le droit d'imposer au riche tel ou tel usage d'une pièce d'argent au fond de son escarcelle; il n'a pas surtout le droit de lui imposer de prêt à conditions gratuites ou onéreuses. A ce point de vue, le prêt d'une somme, à intérêt, à de lourds intérêts même, est presque une œuvre de générosité. Et puisque l'intérêt est plus que légitime, les intérêts des intérêts ne sont que la continuation du droit primitif. Cette théorie, d'une application incessante, peut recevoir une expression mathématique que nous demandons la permission de formuler :

Judas Iscariote ne manquait pas de talent, mais l'exiguïté de sa bourse l'obligeait de travailler en petit. — Une opération — celle de vendre Jésus aux Pharisiens, — lui rapporta trente pièces d'argent.

Sur cette somme, il prêta cinq sous à un besoigneux, au misérable Isaac Laquédem, qui partait pour le long voyage qu'on sait. Il prêta cinq sous à intérêts composés. — Tel était son droit.

En l'an 1862 de Notre-Seigneur, le Créancier quitte la Géhenne pour réclamer les cinq sous primitifs, plus les intérêts composés à 5 %, subséquemment acquis. — Tel est son droit.

Voilà le pauvre Juif Errant, condamné à rembourser cinq sous en principal. Plus, en intérêts, un ou deux globes en or massif, aussi gros que notre terre. — Tel est le droit de Judas !

La théorie de la non-participation de l'ouvrier aux bénéfices de son travail est rigoureusement déduite. En langage purement abstrait, on la résume par les mots d'Exploitation de l'homme par l'homme ; industrie bien vieille, mais toujours nouvelle. Elle s'exerce d'une foule de manières, les unes grossières et cruelles, les autres ingénieuses et si raffinées, qu'il serait difficile de les distinguer d'une philanthropie délicate. Aux heures solennelles où l'on ose regarder la vérité en face, l'on s'avoue que cette même théorie est celle qui fait le fond de notre question sociale, et l'on s'avoue que notre génération en a le cœur assombri, parce qu'elle a peur d'y appliquer sa raison, sa conscience et sa volonté. — Chacun a peur de sonder le problème jusqu'au fond, chacun a peur de se trouver injuste, et cache son remords dans quelque phrase vide et sonore. Chacun a peur.... Et c'est précisément parce que chacun a peur, que personne ne devrait craindre; si la faute est commune, personne n'a de reproches à faire aux autres !

Quoi qu'il en soit, ce principe, prétendu absolu, change avec les temps et les lieux, il se modifie avec l'histoire, il diminue à mesure que les progrès grandissent. Sous sa forme catégorique, il avait créé l'esclavage, qui s'est peu à peu mitigé en servage. Dans notre période actuelle de transition, le pauvre est libre et il ne l'est pas, et cet état contradictoire est désigné sous le nom de Prolétariat.

Discuter le principe du Propriétariat absolu, nous ne le ferons pas, par plusieurs excellentes raisons, dont la première est que ce serait peut-être dangereux, la seconde que ce serait parfaitement inutile. C'est le droit du plus fort, et ce droit ne se raisonne pas, il s'impose. — Parfois on a vu le travail s'imposer au capital. Alors il commandait en maître, et ne consentait pas à parlementer. Le plus souvent, c'est le capital qui a joué le rôle du despote, mais il a dû entrer malgré lui dans une phase plus ou moins constitutionnelle, celle de la commandite avec un certain taux d'intérêt. Plus l'intérêt est élevé, plus les conditions économiques sont imparfaites. Plus l'intérêt baisse, plus la Société monte.

Est-ce à dire que l'intérêt devra un jour baisser jusqu'à zéro ? — Il nous semble que non. En tout cas, ce zéro semblerait ne devoir être atteint que dans des périodes indéfiniment reculées. Qu'il nous suffise de constater que les revenus du capital se modèrent, à mesure que son omnipotence déchoit; avec une puissance médiocre, il n'a plus que des prétentions moyennes.

Donc le capital sera d'autant moins attaqué et il sera d'autant plus respecté qu'il sera moins redoutable. Au droit strict du capital de prélever pour lui tout seul la totalité des bénéfices acquis par le travail se substitue peu à peu un droit plus large, plus doux et fraternel. Le capital, dit le proverbe, « n'a jamais prêté qu'aux riches; » il est d'autant plus prévenant que l'on a moins besoin de lui. Dès que les travailleurs seront à leur aise, le capital se fera leur officieux. Et d'ores et déjà les classes ouvrières pourraient, avec un peu de bon sens et un peu d'instruction, se passer purement et simplement du capital qui ne voudrait pas traiter avec elles sur le pied d'égalité; elles devraient pour cela s'adresser à quelqu'un de plus riche que tous les banquiers et fermiers généraux, à savoir M. Tout le Monde, celui-là même qui a plus d'esprit que M. de Voltaire.

En résumé : quand le capital était tout-puissant, il était seul à partager. Maître de tous, il était haï de tous, et ses esclaves se vengeaient en l'appelant impie et usurier. Mais à mesure que sa toute-puissance décroît, sa tyrannie se plie aux lois et aux convenances. C'était le plus cruel des maîtres, il devient le plus aimable des serviteurs.

Les *théories* extrêmes et contradictoires étant ainsi reléguées et mises de côté, sans que nous ayons eu à les combattre, reste la grande question : Admettant parfaitement que, dans l'avenir, le capital et le travail deviennent des alliés *inséparables*, quelle part faudra-t-il attribuer à l'un et à l'autre? Qui aura la grosse part? ou plutôt : Comment partager équitablement? — Cette question, en apparence très-abstraite, résume, si on nous permet toujours de parler franchement et nettement, la difficulté aujourd'hui pendante entre le prolétariat et la bourgeoisie. — Puisque compromis il doit y avoir, comment donc concilier les droits contradictoires du travail et du capital, qui ne peuvent pas vivre l'un sans l'autre, mais qui se jalousent réciproquement?

Pour consacrer la supériorité du travail actif sur le capital oisif, certains ont demandé que, dans la répartition des bénéfices, l'on fît au travail une double part. — Certes, nous n'y voyons aucune objection théorique, mais nous n'en verrions pas non plus si l'on demandait une part triple, décuple ou centuple. Mais alors, pourquoi le travail ne s'adjugerait-il pas le bénéfice entier, en s'écriant : « Je m'appelle Lion : *Quia nominor Leo?* » A quoi le capital serait parfaitement en droit de répondre : « Moi aussi, je veux manger le bénéfice à moi tout seul. Je suis le Tigre : *Quia nominor Tigris?* »

Des hommes de sens ont conclu qu'il fallait distribuer les bénéfices moitié au capital, moitié au travail. Cette formule est adoptée d'instinct par *l'immense majorité*; et, pour notre part, nous y adhérons comme tout le monde. Mais c'est ici qu'apparaissent les vraies difficultés. Il s'agit de déterminer bien des choses : Qu'est-ce que le bénéfice? — Si les travailleurs prétendent partager la moitié des bénéfices, peuvent-ils prendre sur eux la moitié des pertes? Et s'ils ne se chargent d'aucune responsabilité pour les risques à encourir, leur part dans les bénéfices ne doit-elle pas être diminuée? — En ce cas, de combien? Et puis, autant il est difficile de dire quelle est la moitié d'une succession, autant il est difficile de dire quelle est la moitié des bénéfices d'une entreprise. Ainsi, dans ce plan de répartition, qu'une majorité d'actionnaires trouva trop généreux, les Équitables Coopérateurs croyaient avoir fait au capital et au travail des parts égales. Ce qu'ils appelaient la moitié, d'autres ne l'appelaient que le dixième. Écoutons le *Reasoner* :

« En fondant leur manufacture, les Pionniers, nos modèles, permirent à chaque ouvrier de souscrire une part du capital social sur lequel ils garantissaient 5 % d'intérêt annuel. S'il travaillait dans la fabrique, il y entrait aux mêmes conditions de paye que les autres ouvriers du même district. A la fin du trimestre, toute dépense payée, un premier prélèvement devait être effectué sur le bénéfice net, pour payer au capital les 5 % susdits. Le surplus devait être partagé par portions égales entre le capitaliste et les ouvriers, c'est-à-dire que la Société devait allouer un dividende égal, et à l'ouvrier qui lui aurait donné un travail représenté par cent francs de salaires, et au capitaliste qui aurait apporté cent francs en actions. — Il restait entendu que, si dans une certaine année ou dans une série d'années, le capital n'avait pas reçu les 5 % d'intérêt obligatoire, toute répartition ultérieure des bénéfices nets devait être suspendue jusqu'à parfait payement des intérêts en souffrance. — Dans cette combinaison, la part du lion est faite, il faut le reconnaître, au capitaliste; mais la part du *travailleur n'est pas oubliée non plus, son droit est* reconnu et consacré, il conserve la chance de devenir un capitaliste à son tour, s'il en a le désir. »

— Il me semble, monsieur *Reasoner*, que, pour vous constituer l'avocat du pauvre prolétaire, vous êtes par trop modeste pour votre client en lui réservant la part que la fable donne à l'âne. Voyons, ne nous sachez pas mauvais gré de raisonner même après vous :

— « Voici une entreprise dans laquelle les capitalistes ont engagé un million, la paye des ouvriers s'élevant à cent mille francs par an. Telle est, en tout cas, la proportion entre le capital de fondation et les salaires annuels que M. Cooper, le secrétaire des Pionniers, indique pour la manufacture de Rochdale.

» Après prélèvement des frais d'amortissement et des 5 % d'intérêt attribués au capital, on a, par supposition, 55,000 francs de bénéfice net, à partager au prorata des salaires et du capital. Dans ce cas, les ouvriers recevraient, sur le montant de leurs salaires, 5 % de surplus, soit fr. 5,000

» Et les actionnaires toucheraient pour intérêt de leur capital, 5 % supplémentaires, soit . . . . fr. 50,000

55,000

» Attribuer 5 % au capital, et 5 % au travail, quoi de plus juste et de plus raisonnable? Au premier abord, il semble impossible de répartir le bénéfice en moitiés plus égales. Mais qu'on y regarde à deux fois, et d'un autre point de vue, alors on s'apercevra fort bien que les 55,000 francs de bénéfices nets ont été partagés en onze parts de 5,000 francs chacune, et que, de ces onze parts, dix ont été attribuées à l'actionnaire, un oisif, et une seulement au travailleur, qui a produit le bénéfice. La proportion est-elle tout à fait équitable? En saine et droite justice, faut-il donc dix travailleurs pour faire la monnaie d'un rentier? Est-il vrai que cent mille francs équivalent juste à cent ouvriers à mille francs par an? Un ouvrier ne vaut-il donc que sa paye? »

— « Non! » dit M. Vansittart Neale, le jurisconsulte des Coopérateurs, et l'un des promoteurs les plus zélés de leur mouvement. « La répartition sus-indiquée, fût-elle vraie au début de l'entreprise, ne serait vraie qu'au premier moment ; car l'argent une fois donné reste toujours égal à lui-même, tandis que le travail de l'ouvrier se renouvelle constamment, et donne, par conséquent, à l'entreprise une valeur croissante et toujours nouvelle. Donc la part du capital dans les bénéfices nets doit être *toujours stationnaire*, tandis que la part de l'ouvrier doit augmenter constamment. » Voici l'ingénieuse théorie qui a été donc présentée par l'auteur du *Cooperator's Handbook* :

» Travail et capital sont des termes correspondants. Le capital est du travail accumulé ; le travail est un capital qui s'accumule. L'intérêt est le salaire du capital; les salaires sont les intérêts du travail. — Le travail est créateur, le capital est créé ; le travail augmente et progresse, car il est vivant; le capital reste stationnaire, car il n'est lui-même qu'un produit. En tenant compte de ces faits, supposons qu'il s'agisse, comme dans l'exemple précédent, d'une entreprise ainsi constituée :

» Capital touchant régulièrement son intérêt de 5 %. . fr. 1,000,000

» Montant des salaires annuels . . . . » 100,000

» Après prélèvements pour intérêts, amortissements, etc., le bénéfice net est de . . . . fr. 100,000

» Au bout de dix années qu'on suppose en tout semblables à la première, et dans lesquelles on aurait, par hypothèse, laissé dans la caisse les intérêts intacts et improductifs, le capital, les salaires et les bénéfices s'élèveraient tous les trois à la somme de un million chacun.

» Le capitaliste représenté par un million de capital et l'ouvrier représenté par un million de salaires, ayant chacun *contribué à l'obtention du bénéfice*, se partageraient par moitié le million ci-dessus, et toucheraient chacun cinq cent mille francs.

» Et si l'on applique ce même système à une période de cent ans, les dix millions de bénéfices seraient partagés en onze parts, dont dix aux ouvriers et une seule au capitaliste. »

— D'après les calculs qu'il est inutile de reproduire ici, le capital serait, pendant les neuf premières années, plus avantagé que le travail dans la répartition des bénéfices. Passé dix ans, la part serait décroissante, et, au bout d'un siècle, elle n'équivaudrait plus qu'à la part faite au capital au bout de la première année.

En lui-même, le système de M. Vansittart Neale n'a rien que de très-équitable et de très-rationnel; il aurait même l'avantage de communiquer au capital cet esprit d'initiative et cette prédilection pour les nouvelles entreprises qu'on lui croit, et avec juste raison, si antipathiques. En effet, le capital bénéficiant de moins en moins à mesure que les entreprises seraient solidement constituées, se porterait volontiers sur de nouvelles affaires qui lui offriraient de plus gros intérêts.

Mais ce système est affecté d'un défaut radical, c'est que le montant des répartitions à faire entre le travail et le capital varierait d'une façon vraiment exorbitante, selon les époques de règlement de compte, la part des ouvriers étant d'autant plus considérable que la répartition serait plus longtemps différée, et d'autant moindre qu'elle aurait lieu par semestre plutôt que par année, et par trimestre plutôt que par semestre. En tout cas, la théorie ci-dessus exposée n'est pas, sous sa forme actuelle, d'une application immédiate, et son auteur lui-même en a dû juger ainsi; car, après l'avoir présentée, il conclut à l'adoption de la méthode qu'il veut bien qualifier de française, à savoir : le partage par moitié des bénéfices entre l'ouvrier et le capitaliste. — Mais quelle est cette moitié? demandons-nous toujours.

A cette importante question, qu'il nous soit permis d'apporter une solution que nous croyons peut-être nouvelle. Elle nous a été suggérée par l'étude du système de M. Vansittart, et par le désir de trouver une formule équitable pour tous les intérêts et acceptable pour toutes les intelligences.

L'ouvrier est un capital. S'il est un capital, il rapporte intérêts. L'intérêt de l'ouvrier, considéré comme capital, est le salaire annuel qu'il reçoit. L'ouvrier est un capital parce qu'il est une force. L'argent de l'actionnaire, la force de l'homme, celle d'un cheval ou celle d'un cheval-vapeur sont trois choses conversibles l'une dans les deux autres. La machine de sang et de chair travaille concurremment avec la machine qui a des soufflets de forge pour poumons, dont l'ossature est en fonte, et les muscles en acier. Or le capital d'un actionnaire se transforme en machines inanimées, qui ont leurs équivalents dans les machines humaines. Si le capital machine inanimée rapporte 5 % à son possesseur l'actionnaire, le capital machine humaine doit rapporter également 5 % à son possesseur l'homme, si tant est que le corps de l'ouvrier lui appartienne en propre, et non pas au gérant de la Compagnie. Telle étant la théorie, voici quelle serait la pratique :

Un ouvrier, payé pour ses services 1,000 fr. par an, serait considéré comme apportant à l'entreprise une valeur de 20,000 fr., et serait égal, devant la Caisse sociale, à un actionnaire détenteur de 40 actions de 500 fr. chacune. — L'exemple ci-dessus se présenterait ainsi :

Pour achat d'usines et de matières premières, pour fonds de roulement, etc.. un capitaliste apporte. . . . . fr. 1,000,000
moyennant 5 % d'intérêt annuel, soit 50,000 fr. Plus une part légitime dans les bénéfices.

De leur côté, 100 ouvriers se joignent au capitaliste. En force, en intelligence et en énergie, leur apport est évalué à fr. 2,000,000
pour lequel ils recevront un salaire annuel et collectif de 100,000 fr.,

prix de leur labeur quotidien. Plus une part légitime dans les bénéfices.

Si, après prélèvement des intérêts, des salaires, des frais généraux et d'amortissement, il se trouvait un bénéfice net de 5 %, les 150,000 fr. seraient distribués en trois parts de 50,000 fr. chacune, dont une pour le capitaliste, et deux pour les ouvriers. — Et en ne touchant pas à leurs dividendes, mais en abandonnant au capitaliste un arrérage annuel de 100,000 fr. en amortissement de ses avances, les ouvriers pourraient devenir propriétaires de la fabrique en question, au bout de huit ans et quelques mois.

Cette assimilation du travail de l'ouvrier à celui d'une machine, cette comparaison entre la machine vivante et la machine morte nous semble d'une extrême simplicité. N'y a-t-il pas dans les ateliers un va-et-vient continuel entre les hommes et les mécaniques, des ouvriers étant substitués à des machines-outils, et des machines-outils à des ouvriers? — Et, puisqu'à l'actif d'une Société industrielle on porte les moteurs mécaniques, les moteurs avec force animale, chevaux et mulets, pourquoi n'y mettrait-on pas également les moteurs intelligents en ligne de compte? — Demander que l'ouvrier, possesseur de son propre corps, cet admirable mécanisme, entre dans la répartition des bénéfices sociaux au même titre que l'actionnaire, dont le travail ne s'effectue dans l'usine que par l'intermédiaire d'une machine à vapeur, de bielles, d'engrenages et de courroies de transmission, nous paraît chose aussi modeste qu'équitable. — Au fond, tout notre dire se réduit à ceci : Un homme, un simple ouvrier, un travailleur du peuple, vaut, en moyenne, vingt *mille francs. Sans doute, un bourgeois vaut beaucoup plus*, et un banquier, cousu d'or, vaut infiniment davantage; sans doute, le Monsieur qui, par an, fume pour mille francs de cigares de la Havane, et qui, par mois, gagne ou perd trois cent mille francs sur le marché des fonds publics, est d'une valeur inappréciable! Mais un homme qui, pendant trois cents jours de l'année, travaille douze heures par jour, nous contestera-t-on qu'éventuellement il vaille autant que vingt tonnes de stéarine ou trente futailles de vin? Ce ne serait pas M. Thomas Carlyle qui trouverait notre estimation exagérée :

« Autour de nous, s'écrie-t-il, quelque chose va mal. Sur le marché de la ville, un cheval bien conditionné trouve facilement un prix de vingt à deux cents louis. Mais un homme dans la vigueur de l'âge ne vaut rien du tout sur le marché du travail. Voire, si l'on en croyait certains économistes, qui vont répétant que le banquet social est encombré d'affamés, la société ferait une bonne affaire en soudoyant, sans trop marchander, quelques braves pères de famille pour qu'ils allassent se faire pendre ailleurs. Et cependant, même au point de vue de la machine, quel est le mieux agencé d'un homme ou d'un cheval? — Bonté divine! un blanc d'Europe, debout sur ses deux jambes, avec ses dix doigts au bout des mains, et ses mains au bout des poignets, avec sa miraculeuse tête sur ses épaules, — eh bien! un homme ainsi bâti, vaudrait... vaudrait... combien, voyons? Disons qu'il vaudrait autant que cinquante, autant que cent chevaux! »

Certes, des gentilshommes des Carolines, des « vieux-sang » de la Virginie seraient arbitres compétents en pareille matière. L'on pourrait interroger deux chevaliers du Cycle d'or, deux planteurs de cannes. Ils se sont associés pour exploiter une fabrique de sucre, l'un apportant un capital en chaudières, cylindres et purificateurs; l'autre, un capital en Quaggies, autrement dit en nègres. Les deux amis se partagent les bénéfices au prorata des dollars engagés, tant pour la négraille, tant pour la ferraille. Avant le coup de canon tiré contre le fort Sumter, ces industriels payaient 3,000 dollars pour un bon nègre de fabrique, et, nous disent le *Delta* et le *Richmond Enquirer*, ils espéraient bien voir le moment où ils auraient pu compter, rubis sur l'ongle, 5,000 dollars pour un beau gars d'Irlandais, ou pour quelque vigoureux émigré d'Allemagne. — En présence de ces autorités, l'on doit nous accorder que la capitalisation d'un ouvrier libre, au taux de 40 actions de 500 francs, n'est en aucune façon exagérée.

Mais il nous semble entendre quelques philanthropes protester ici contre l'assimilation injurieuse que nous ferions entre l'ouvrier libre et l'esclave, entre l'homme et la machine, entre une intelligence et un billet de banque.—A merveille! Qu'ils réclament alors pour l'ouvrier une justice plus large encore; surtout qu'ils ne lui donnent pas moins parce qu'il mérite plus, et qu'ils ne traitent pas l'ouvrier, représentant de sa propre personne, moins bien que le représentant d'un marteau-pilon, installé dans une usine!

Ici se présente naturellement l'objection qui est le grand cheval de bataille des adversaires de l'association entre maîtres et ouvriers. En théorie, rien de plus juste, nous dit-on, que la participation de l'employé aux bénéfices sociaux; mais, dans la réalité, il n'y a pas que des bénéfices, il y a aussi des pertes. Or, comme il est impossible de faire participer les ouvriers aux pertes, il faut, pour qu'elles puissent être payées, que le capitaliste se prémunisse contre elles en s'appropriant la totalité des profits.

— D'abord, est-il vrai que l'ouvrier ne participe pas aux pertes? Et que signifient donc ces affreux chômages qui mettent en péril l'existence même des nations? N'est-ce pas lui, au contraire, qui est le premier à souffrir par les accidents survenus à l'industrie, et qui en est le plus cruellement atteint par la suppression de partie ou totalité de ses salaires? En cas de perte, le fabricant se rejette sur sa fortune personnelle, sur son crédit ou sur des économies antérieures; tandis que les moindres fluctuations du travail attaquent l'ouvrier dans les parties vives de son corps, et dans son existence même. — Et cependant, n'est-ce pas le capitaliste *qui, directeur souverain de la fabrique, sans aucune participation des travailleurs dans la gestion des affaires, devrait porter à lui tout seul la responsabilité et les tristes conséquences d'un insuccès?* — D'ailleurs, comment les économistes justifient-ils devant le tribunal de la morale la légitimité du simple 5 %, sinon en alléguant que cet intérêt est nécessaire pour couvrir le capital contre la possibilité du naufrage? La prime d'assurance est, disent-ils, comprise dans le loyer de l'argent. Au capitaliste, réclamant de ce chef la totalité des bonis, ne devrait-on pas dire: « Passez, l'ami, on vous a déjà donné? » —

Ensuite, la totalité des pertes survenues dans plusieurs périodes déterminées n'étant qu'une fraction sensiblement constante de l'ensemble des bénéfices, l'objection ci-dessus ne prouverait qu'une chose, c'est qu'il serait désirable qu'on étendît au commerce et à l'industrie le privilége de l'assurance, comme il a été souvent proposé. — Et enfin, quelle difficulté sérieuse y aurait-il à ce que, des pertes survenant dans une entreprise, le capitaliste continuât, comme par le passé, son industrie du crédit et son métier de bailleur de fonds, sauf par lui à joindre ses nouvelles avances à son apport primitif, pour lesquelles il réclamerait des intérêts supplémentaires à 5 %, plus une part proportionnelle dans les gains futurs?

Maintenant que nous croyons avoir écarté les objections sérieuses contre l'assimilation, dans le partage des bénéfices, de l'ouvrier à un actionnaire, nous reconnaissons volontiers ne pas attribuer à cette solution la valeur d'une panacée sociale, douée des effets les plus prompts et les plus énergiques. Tant s'en faut! — Qu'elle soit adoptée par nos financiers, nous n'avons pas non plus la naïveté de le croire; car il serait contre toute expérience qu'habitués, comme ils le sont, à faire manœuvrer leurs ouvriers comme des capitaines leurs soldats, habitués surtout à garder pour eux tout seuls les produits de l'œuvre commune, ils puissent avoir la sérieuse volonté d'associer leurs subalternes dans les profits et dans la direction. — Sans doute, nous croyons qu'ils feraient bien de le vouloir; mais, comme il est impossible qu'ils le veuillent, ce n'est point à eux particulièrement que nous désirons soumettre le résultat de cette étude, mais plutôt aux jeunes travailleurs qui voudraient entrer résolûment dans les voies de l'avenir. — Il nous paraît que, dans notre organisation industrielle, l'ancien et le nouveau système pourraient coexister parfaitement, le premier répondant aux besoins déjà connus et marchant selon la tradition qui lui est propre, tandis que le second s'engagerait dans la voie des nouvelles expériences. Voilà deux arbres côte à côte; l'un est issu de l'autre. Il y a place pour les deux au soleil. Laissons l'ancien vieillir à son aise et produire encore ses fruits, tant que la séve circulera dans ses branches déjà paralysées peut-être, et laissons aussi le nouveau venu développer à son aise ses jets vigoureux et ses pousses verdoyantes.

Surtout, que les pionniers du progrès n'attendent aucun secours financier en dehors des classes ouvrières. Qu'ils se gardent bien d'emprunter leur capital social aux capitalistes. Ces derniers entreraient dans leur entreprise avec leurs systèmes, leurs habitudes, avec l'esprit ancien, et tout serait perdu. A une œuvre de régénération, il faut des hommes nouveaux et un capital tout neuf. Les associations ouvrières, gérées par les travailleurs eux-mêmes, ne doivent pas s'embarquer dans les affaires de crédit. Pris en masse, le peuple n'est nullement à la hauteur des questions de banque; il ne doit pas jouer avec un instrument encore trop délicat pour lui, mais se restreindre aux opérations de comptant, qui sont les moins compliquées et les plus énergiques. Aux forts, les choses simples, et celles qui demandent le plus de dévouement. En fait d'emprunts, que les nouveaux sociétaires se permettent tout au plus d'émettre des obligations à 4 ou 5 %, d'intérêt, remboursables avec une prime quelconque, la prime représentant la participation dans les bénéfices auxquels nous persistons à croire qu'en tout état de cause le capital doit être associé. Dans une association de coopérateurs bien constituée, le capital-obligations dont les droits sont invariables et, dès l'origine, nettement déterminés devrait être seul ouvert aux capitalistes du dehors, et le capital-actions, plus entreprenant, plus actif, plus intelligent et plus responsable, devrait être exclusivement réservé aux associés.

Que les ouvriers le sachent bien, et qu'une fois pour toutes ils le gravent dans leur cœur : ce n'est pas avec le capital du capitaliste qu'ils s'affranchiront, mais bien à leurs propres frais et risques. Jamais ils ne posséderont que la liberté dont ils se seront rendus dignes, et qu'ils auront créée de toutes pièces. Il sera difficile aux masses de s'affranchir de la misère, nous le savons; mais, quoi qu'il en doive coûter, elles ne peuvent et ne doivent être rachetées que par elles-mêmes. Que les peuples modernes ne se flattent jamais d'échapper aux misères du prolétariat, et de s'enfuir de la maison de servitude en butinant les Égyptiens, et en leur empruntant, pour ne point les leur rendre, de riches costumes et des vaisselles d'or et d'argent !

V

CARACTÈRE GÉNÉRAL DES ENTREPRISES COOPÉRATIVES, MODIFICATIONS A INTRODUIRE DANS LEUR CONSTITUTION ET LEUR AVENIR PROBABLE EN ANGLETERRE.

Quelle que soit la formule adoptée par l'avenir, nous avons la confiance que les Coopérateurs anglais se tireront avec honneur du pas difficile où ils sont engagés aujourd'hui. Il est certain que, dès la fin de la crise cotonnière, tous les efforts des ouvriers se porteront sur la création de manufactures à eux appartenant, où la part du travail et du capital sera fort diversement établie. Le peuple n'étant pas le moins du monde porté aux révolutions violentes, le peuple ayant, au rebours de ce que plusieurs ont affecté de croire, une horreur superstitieuse des bouleversements religieux, politiques, économiques et sociaux, il n'est pas probable qu'il profite de la liberté dont il jouit en Angleterre pour faire jamais tort au capital. L'exemple des manufacturiers soi-disant coopérateurs de Rochdale nous prouve surabondamment que, s'il se commet une exagération, elle ne se fera pas en faveur du plus pauvre. Pour convertir le peuple des ouvriers à un système qui fasse au travail une part simplement équitable, il faudra de nouveaux progrès en intelligence et en moralité. A mesure que le peuple se fera capitaliste, il tendra, comme tous les parvenus, à exagérer ses nouveaux droits. Les classes aisées de l'Angleterre n'ont donc aucune appréhension à avoir de ce côté; si elles sont à se défendre, ce sera seulement contre la ferveur de leurs recrues.

Ces temps sont encore loin. En attendant, une terrible crise, dans laquelle s'engouffre une partie notable de la richesse de la Grande-Bretagne, a suspendu le développement des manufactures coopératives, mais elle n'a point arrêté les progrès des Stores. Les magasins sociétaires se trouvent être une institution bonne en tout temps. Quand le commerce et l'industrie vont bien, les Stores sont un nouvel élément de prospérité, et, en temps de crise, ils sont un moyen de salut.

Leur organisation semble presque parfaite aujourd'hui. Quelques réformateurs cependant s'occupent de déterminer la proportion normale du capital au chiffre d'affaires. Ce n'est pas que l'on ait commis d'imprudences matérielles. Encore une fois, les sociétés n'opérant qu'au comptant ne peuvent faire que des pertes insignifiantes; mais l'on s'est aperçu, que les associations pouvaient posséder trop de capital, et que des actionnaires pourvus d'un trop grand nombre d'actions poussaient à l'exagération des dividendes. Le scandale occasionné par l'apostasie des ouvriers capitalistes de Rochdale a fait comprendre qu'une entreprise dans laquelle des individus jouissent d'une influence exagérée est bientôt détournée de son but d'intérêt général, pour être désormais exploitée au profit de quelques intérêts particuliers. Supposons que les deux cents actions d'un magasin sociétaire soient réparties entre cent un actionnaires, dont cent ne possédant chacun qu'une seule action, et un seul, détenteur de cent actions pour sa part. Ce dernier, ne dépensant pas plus qu'un consommateur moyen, réduit le dividende de ses coactionnaires de 50 %. Mais si des acheteurs du dehors venaient prendre sa place, le dividende serait augmenté de 100 %. Cet exemple vraiment élémentaire prouve une fois de plus que l'enrichissement exagéré d'un seul tend à l'appauvrissement de tous, et que la moralité et l'intérêt bien entendu sont plus étroitement alliés qu'on ne l'imagine généralement.

Avec une organisation aussi simple et efficace, la Coopération avance comme poussée par un élan spontané, elle avance par un mouvement doux, mais irrésistible ; son progrès est continu et accéléré. La création des Pionniers était, par un de ses administrateurs, comparée d'une manière frappante au figuier baniane. Retombant sur le sol, ses branches poussent des racines, deviennent des troncs à leur tour, et s'entourent d'une génération nouvelle de rejetons. L'arbre se fait forêt. La petitesse, et même l'insignifiance de la Coopération, à son origine, n'est comparable qu'à la grandeur des résultats qu'elle a obtenus ou qu'elle doit obtenir. L'Association commence par les individus, c'est pour cela qu'elle est si puissante sur les multitudes ; le mouvement se propage de molécule intégrante en molécule et transforme ainsi la masse. — « La Coopération, disait très-heureusement M. Vansittart Neale, commence par tirer l'individu de la bourbe de la misère, terrain mouvant ; elle l'asseoit ensuite sur un îlot solide, et désormais cet homme est au niveau de ses affaires. Par son entrée dans l'Association, l'ouvrier fait partie d'une compagnie d'assurances mutuelles contre la misère. Jadis il se trouvait en arrière d'une cinquantaine de francs peut-être, aujourd'hui il est en avance d'autant. Sa position a changé du tout au tout : il a maintenant « quinze jours de vie à son crédit, » comme s'expriment si bien les Anglais. »

Le mouvement qui nous occupe est en pleine période individualiste : il n'a pas encore, à proprement parler, de tendance générale et collective, et le tempérament national s'opposera longtemps à ce qu'il prenne un caractère d'ensemble. Plusieurs Stores coexistent dans une même ville, d'autres sont à quelques kilomètres de là, groupés par dizaines. L'on suppose que ces associations vont immédiatement s'associer entre elles ? — Ce n'est pas en Angleterre que les choses se passent ainsi ! Chaque société attend, au contraire, que tous ses membres se soient mis à jour, puis, dès que l'entreprise est solidement constituée, elle tend, ne serait-ce que par force d'inertie, à conserver sa vie propre, locale et indépendante. Cependant tout excès est un défaut. A la fin, les Coopérateurs ouvrent les yeux à l'évidence, et s'aperçoivent que, par une existence trop isolée, leurs sociétés se font concurrence au lieu de se prêter un mutuel appui. Chacune d'elles trouve son profit à acheter en gros pour revendre en détail ; mais, vis-à-vis de ses fournisseurs, chaque société n'est, comparativement, qu'un acheteur en détail. Pourquoi plusieurs sociétés, en réunissant tous leurs achats en gros en une seule commande quintuple, décuple ou centuple, n'ajouteraient-elles pas le bénéfice du gros sur gros au bénéfice du détail sur gros. En décembre 1860, M. W. Cockshaw, un homme de sens, s'exprimait ainsi :

« Je ne vois pas pourquoi des villes comme Manchester, Rochdale, Stokport, Oldham, Stalybridge, Bacup, Huddersfield, Halifax, Leeds, etc., ne s'uniraient pas entre elles pour faire leurs commandes; elles pourraient alors envoyer des agents pour vendre ou acheter dans l'intérêt commun, et, tenant le spéculateur en respect, elles intercepteraient, pour leur propre avantage, les bénéfices extorqués jusqu'à présent sur le pauvre peuple. Les sociétés coopératives construiraient leurs propres navires, leurs magasins monstres; elles pourraient recevoir ou produire de première main toutes les denrées de la meilleure qualité et du premier choix. Dans ce but, nous avons nous-mêmes commencé à réunir quelques associations disséminées autour de nous, et nous formons à Huddersfield une association générale avec un grand entrepôt. Treize sociétés se sont jointes à la nôtre, et nous faisons ensemble une aggrégation de 813 membres, etc. »

Les Équitables Pionniers, comprenant l'avantage qui résulterait pour tous, si toutes les associations fondaient leurs commandes en une seule, proposèrent la souscription par tous les *Cooperative stores* d'un fonds commun pour les achats en gros, qui seraient désormais effectués par un comité central. C'était un plan très-raisonnable, mais les listes de souscription ne furent pas remplies. On offrit alors aux associations de leur vendre en gros les produits dont elles auraient besoin, et de leur faire tous les trimestres remise de partie des bénéfices réalisés sur les ventes, suivant le système pratiqué avec les acheteurs au détail. La pratique montra que Rochdale n'était pas une ville suffisamment centrale, et que, se fournissant à Liverpool, pour envoyer ensuite à Melton, par exemple, Melton économisait les frais d'un voyage en s'adressant directement à Liverpool. Des baisses survinrent sur les places d'approvisionnement, et les Stores cadets furent assez malavisés pour courir aveuglément à un bon marché momentané, en laissant dans l'embarras Rochdale dont les commandes en gros avaient été faites antérieurement. Obligés alors d'écouler leurs marchandises avec perte, les Équitables Pionniers crurent avoir fait suffisamment preuve de bonne volonté, et suspendirent désormais leurs achats en gros pour le compte des tiers.

Cette première tentative a donc échoué, mais il est impossible qu'on en reste là, et de tous côtés on réclame la formation de magasins centraux, à établir, soit à Londres, soit à Liverpool, car les avis sont encore partagés. L'avocat le plus ardent de cette idée, John Allen, a prononcé une forte parole à laquelle tout ami du progrès et tout homme de bonne volonté peut, sans aucun doute, trouver une application personnelle. « Notre premier insuccès n'a prouvé qu'une seule chose, c'est que notre détermination de réussir n'était pas encore assez forte. »

Pour statuer sur ce premier projet, ainsi que sur beaucoup d'autres, on a fortement recommandé un congrès des délégués Coopérateurs, se réunissant après la clôture trimestrielle des comptes. On aurait un admirable modèle, celui de la Conférence annuelle des Méthodistes, instituée il y a une centaine d'années déjà par John Wesley, qui, pour être un fondateur de secte, n'était nullement un sectaire, mais un homme droit et sincère, doué d'une rare éloquence et d'une faculté d'organisation tout à fait exceptionnelle. N'eussent été les synodes qui lui donnaient un centre et une élasticité vitale, la Société Wesleyenne aurait sans doute été déchirée par les dissensions intestines, ou bien étouffée par les influences personnelles et locales. S'immobilisant par ici, mais par là se précipitant en avant, elle se fût fractionnée, elle eût probablement cessé d'exister depuis longtemps.

Au groupement des Stores correspondrait celui des manufactures. Ainsi juxtaposés, il n'est pas concevable que les centres de la production et de la consommation restassent isolés ; il n'est pas concevable que ces deux fonctions existant l'une pour l'autre et l'une par l'autre, comme le sang artériel et le sang veineux, ne se réunissent pas finalement dans un cœur, organe commun.

Très-certainement, il ne s'agit point ici de rêveries d'utopistes, et les perspectives qui de ce côté nous sont ouvertes sur l'avenir n'ont rien de fantastique. Est-il donc si étonnant que la logique des choses triomphe à la fin? Est-il si étonnant que, mis jadis en hostilité par une organisation vraiment barbare, les intérêts de la production et ceux de la consommation, qui au fond sont identiques, fusionnent dès qu'ils auront pour seul et unique représentant le plus grand producteur et le plus grand consommateur, le peuple, l'*Homme Million*, comme l'appellent les Anglais?

Mais nous avons beau apercevoir avec netteté la réalisation future de cette grande réforme, nous nous souvenons que, dans les paysages de montagnes, on se trouve souvent en face de rochers que l'on croirait pouvoir atteindre d'un jet de pierre, et dont la distance est cependant mesurée par kilomètres. La logique est prompte. Irrésistible comme elle, la marche des événements est toutefois d'une lenteur inflexible ; car une transformation de la molécule nationale, un déplacement du centre de gravité économique ne s'effectuent pas en un jour !

La Coopération doit exercer sur le peuple une influence bienfaisante : d'une part, dans les Stores, par la diminution du prix des objets de consommation ; d'autre part, dans les manufactures, par une égalisation des prix de main-d'œuvre, et, par conséquent, par une plus équitable répartition des produits. Mais qu'on ne s'y trompe pas ; la Coopération a beau être simple et merveilleusement féconde : à elle seule, elle ne suffirait pas pour produire tous ces beaux résultats, si elle n'était pas vivifiée par un esprit de fraternité. On l'a bien vu à Rochdale, alors que des ouvriers éblouis par de gros bénéfices, plus ou moins exceptionnels, se sont jetés sur l'entreprise comme des agioteurs sur une spéculation à primes ; rendus stupides par leur cupidité, ils se sont empressés de dissoudre l'Association pour être seuls à en partager les avantages. Dès qu'ils ont vu la poule aux œufs d'or, les malheureux ont pris leur couteau pour l'égorger et lui arracher les entrailles. Combien ces grossiers parvenus de la richesse différaient en cela de leurs voisins et concitoyens, les anciens Pionniers ! C'est sur un terrain d'intelligence et de solide moralité que la plupart des associations coopératives ont été fondées. Les hommes d'initiative qui les ont entreprises se distinguent généralement par quelque doctrine à laquelle ils se dévouent, par quelque idée, vraie peut-être, erronée peut-être, dont ils se sont faits les champions.

Ainsi le système de M. Isaac Pitman pour la réforme de l'écriture et de l'orthographe au moyen d'une méthode particulière, recrute comparativement le plus grand nombre de ses adhérents chez les Coopérateurs qui s'entr'écrivent en caractères sténographiques et prennent des abonnements au journal *Phonetic News*[1].

Les Coopérateurs se sont ralliés à un mouvement que nous voudrions bien voir se propager en France, et qui a été organisé par de judicieux amis de l'humanité, c'est celui de l'*Early Closing*. Il s'opère en faveur des caissiers, commis et autres employés, pour que, les affaires cessant et les magasins se fermant à une heure raisonnable de la soirée, ces ilotes du commerce reprennent possession d'eux-mêmes ; pour qu'échappant à la boutique à laquelle ils ont appartenu corps et âme pendant tout le jour, ils rentrent pour quelques heures dans la vie sociale. Parmi les *Cooperative stores*, il est de règle de fermer les devantures le vendredi à neuf heures, le samedi à dix heures, et les autres jours à huit heures ; l'après-dînée du mardi ou du mercredi est donnée comme demi-jour de congé dans la plupart des magasins sociétaires du Lancashire.

Plusieurs sont *légumistes* au milieu de la carnivore Angleterre, et se refusent de porter à leurs lèvres aucune chair qui ait palpité.

Certains sont *Swédenborgiens* ou membres de l'Église de la Nouvelle Jérusalem, dont la doctrine est plus rationaliste d'un côté, plus mystique de l'autre, que ne l'est celle des autres confessions protestantes.

Parmi les Coopérateurs, on compte beaucoup de *Sécularistes*, ou adversaires de toute religion surnaturelle. L'auteur de l'intéressante histoire de la Coopération à Rochdale, M. Holyoake, est une personnalité qui fera époque dans l'histoire religieuse de l'Angleterre. S'il fût né en France, le *leader* des Sécularistes, fondateur du *Reasoner* et du *Secular World*, se fût probablement appelé M. Patrice Larroque, et eût écrit l'*Examen des doctrines de la religion chrétienne*. — Dans son intéressante préface à sa traduction de l'histoire des Pionniers Équitables de Rochdale, M. Alfred Talandier nous raconte, dans le *Progrès de Lyon*, numéro du 6 octobre 1862 :

[1] *Phonetic News*, mot à mot : *Les Nouvelles Phonétiques*.

« Georges Jacob Holyoake appartient à cette phalange d'hommes remarquables qui, de simples ouvriers, sont parvenus à force d'énergie, de bonne conduite, d'amour de l'étude, de travail, de persévérance et de respect de soi-même et d'autrui, non-seulement à se faire une position honorable et honorée, mais à acquérir sur leurs contemporains une influence qu'il est impossible de méconnaître... Ce n'est pas, comme on peut bien le penser, sans avoir payé de sa personne qu'Holyoake est arrivé à la situation éminente qu'il occupe aujourd'hui. Une condamnation à six mois d'emprisonnement pour crime — d'athéisme — fut prononcée contre lui en 1842. C'est une des dernières persécutions religieuses qui aient souillé les annales de la justice en Angleterre... Le nom d'Holyoake est encore intimement associé aux dernières luttes de la presse anglaise contre les lois fiscales qui entravaient sa liberté. Lorsque le parti libéral eut résolu, pour obtenir le rappel de la loi du timbre, de mettre le gouvernement au pied du mur, en commettant un acte de résistance ouverte, c'est-à-dire, en publiant et vendant des journaux non timbrés, Georges et son frère Austin, furent les seuls, de tous les propriétaires de journaux à Londres, qui eurent le courage de mettre à exécution la résolution prise. Ils s'exposèrent par là non-seulement à être emprisonnés, mais à être vingt fois ruinés, car les amendes qu'ils auraient pu encourir se seraient élevées à plusieurs millions de francs. »

Il est bon de dire que, dans les comtés du Lancashire et du Cheshire où la Coopération est si fort prospère, 22,000 ouvriers font partie des *Mechanichs' Literary Associations*, et 8.500 ouvriers suivent les classes d'adultes. Un concours fut institué parmi les membres de ces sociétés littéraires et 1,200 d'entre eux entrèrent en lice. Le second chef des Tories, M. Disraeli, qui présidait la distribution des prix, s'exprimait ainsi : « J'ai examiné la liste de ceux qui ont obtenu pour ainsi dire un certi- » ficat d'excellence pour les matières sur lesquelles on les a examinés, et » quels sont ceux auxquels j'ai l'insigne honneur d'offrir un témoignage » en constatation de leur mérite et de leurs travaux. Ce sont des méca- » niciens, fondeurs, filateurs et brocheurs; ils représentent tous les tra- » vaux de nos fabriques... Qui dira désormais que ces institutions n'ont » pas rempli leur objet, et qu'elles ne répandent pas le goût de l'instruc- » tion et la culture de l'intelligence? » Et, ajoute M. Ashworth : « Ces ouvriers résident pour la plupart dans des maisons pour lesquelles ils payent seulement de 125 à 450 fr. de loyer par an! » — Remarque d'une originalité tout anglaise.

En 1861, plus des deux tiers des Coopérateurs appartenaient aux associations dites de *tempérance*, mais qui devraient plutôt s'appeler d'*abstinence*, car leurs membres jurent de renoncer désormais à toute espèce de liqueurs fortes et de boissons fermentées. Qu'on se rappelle le magasin de Londres que ses actionnaires baptisèrent du nom de l'*Energetic Teetotaller*. La plupart des Stores se refusent à vendre de la bière ou des liqueurs fortes. La tempérance favorise la Coopération, et la Coopération favorise la tempérance ; on l'a bien vu à Bury où, dans une seule année, l'Association a rapporté à ses membres 50 % d'intérêts, tandis que les cas d'ivrognerie diminuaient de 50 % dans le district. Il a été constaté d'ailleurs que la cause de la tempérance était mieux servie dans une ville par la fondation d'un magasin sociétaire que par la création d'une société d'abstinence.

Il faut donc une certaine moralité pour s'engager dans une association de laquelle on attend le bien-être; *vice versa*, un certain bien-être est fécond en progrès intellectuels et moraux, il produit généralement cette dignité personnelle qui, d'après M. Proudhon, est la source de toutes les autres vertus. L'économie facilite l'aisance qui, à son tour, rend l'économie possible; car rien ne ruine comme d'être pauvre. Sans prévoyance, pas d'amélioration pour les classes dites inférieures. « Si les patrons dépensaient comme leurs ouvriers, disait quelqu'un, et si les ouvriers économisaient comme leurs patrons, les uns et les autres changeraient bientôt de place. »

Mais, pour rester dans la question spéciale, si la Coopération n'avait d'autre effet, en Angleterre, que de porter un coup mortel à l'intempérance, elle aurait encore rendu à la cause de l'humanité un service à jamais mémorable. D'après le témoignage de magistrats renommés, Coleridge, Gurney, Alderson et autres, l'excès de boissons est la cause directe de la plupart des crimes qui se commettent en Angleterre; le juge Patterson est allé jusqu'à déclarer que s'il n'y avait plus d'ivrognerie, on pourrait fermer le tribunal correctionnel et la cour d'assises. J'ai eu sous les yeux un document, dont quelque missionnaire ambulant m'avait gratifié, sur le chemin de fer de Londres à Woolwich, dans un wagon de troisième classe. C'est un petit tableau ayant pour titre : « Impôts de la Grande-Bretagne. » Ils étaient figurés par diverses pyramides jaunes, rouges et bleues, dont chacune représentait la pile d'écus annuellement dépensée pour le service du budget, pour la taxe des pauvres, etc. La plus haute, de beaucoup, indiquait la consommation annuelle en tabac, en bière et en liqueurs fortes. L'effet de cette lithographie était immédiat et saisissant, et, après l'avoir vue une fois, il était difficile de l'oublier jamais. Une note explicative établissait ceci :

« En 1855, nos impôts volontaires pour tabacs et boissons sont supérieurs de moitié à tous ceux que nous payons au gouvernement ; ils sont douze fois plus considérables que nos impôts pour les pauvres, et soixante-dix fois plus forts que nos contributions aux diverses sociétés pour la diffusion de la morale et de la religion. Le tabac et la boisson nous ont coûté l'année dernière 1,937,500,000 francs. Avec cette somme vraiment colossale, on aurait pu abolir le paupérisme anglais, et acheter pour les indigents environ 323,000 hectares de terrains en plein rapport, coûtant 6,000 fr. l'hectare. »

Cette même consommation a été estimée pour 1861, par le journal le *Coopérateur* (n° 28), à deux milliards et demi de francs, soit la valeur de plus de 40,0000 hectares. Dans ce chiffre sont compris la consommation de vin, la distillation illicite, le brassage qui se fait à domicile, etc...

Les sociétés de tempérance font valoir en outre que la distillation des grains détruit une quantité de substances alimentaires suffisante pour nourrir 7,500,000 personnes, soit le quart de la population de la Grande-Bretagne; elles portent encore pour mémoire les crimes et dégâts commis par les ivrognes, les frais de justice, d'emprisonnement, etc., etc., avec lesquels on aurait pu doter tant de jeunes filles et assurer à leurs familles futures une modeste aisance. Il est certes affligeant d'entendre que, dans un pays tristement célèbre par l'intensité de son paupérisme, le budget de la bière et du tabac est douze fois plus fort que celui des pauvres. Si nous relevons cette remarque, ce n'est point pour jeter la pierre à l'Angleterre; car il est un fait tristement notoire, c'est que nous dépensons, en tabac seulement, huit fois plus que ne coûte au pays tout le budget de l'Instruction publique. Combien avons-nous vu de nos compatriotes, qui, en allumant complaisamment leur cigare, se targuaient que nous étions la nation du monde la plus instruite. Bon an, mal an, ils dépensaient en fumée un argent qui aurait pu faire enseigner la lecture à une demi-douzaine d'enfants!

On ne peut lire les journaux du mouvement sans être frappé de la manière dont les Coopérateurs célèbrent leurs assemblées générales. Le jour auquel les actionnaires d'autrefois avaient donné le sobriquet de *Boxing* ou de *Grumbling day*[1], parce qu'ils avaient à recevoir en cette solennité les comptes de leurs gérants, est devenu pour nos sociétaires un anniversaire de fête et de triomphe dont les journaux rendent souvent compte sous le titre de *Réjouissance*. Les Coopérateurs se rendent à l'assemblée avec leurs femmes et leurs enfants, ils se revêtent de leurs beaux habits; les comptes rendus de la gérance sont généralement écoutés sans trop de murmures, le chiffre du dividende est accueilli avec des Hourra! hourra!.. Des sandwichs substantiels circulent ainsi que la « coupe, qui égaye mais n'enivre pas, » circonlocution poétique fort en faveur pour désigner une tasse de thé. On se livre « aux délices de la conversation, » on applaudit bruyamment des vers tels quels. Des ventriloques, des chanteurs comiques font valoir leurs talents de société. Quatuor d'accordéon, de flûte, de cornemuse et de chalumeau. Le piano est tenu par une maîtresse de musique, engagée

[1] Traduisez : la journée des grognements et des coups de poing.

pour la solennité. Parfois les gentlemen ont sautillé avec leurs misses et ladies dans un bal improvisé. — Ce n'est point certes parmi les actionnaires de la Banque d'Angleterre ou de la Compagnie des chemins de fer de l'Ouest que nous verrions pareille gaieté! La raison en est bien simple. Messieurs de la Banque sont assez riches pour donner des soirées chez eux, ils n'ont nul besoin de se mettre à trois cents ou à cinq cents pour se payer quelques pâtisseries et quelques tasses de thé. Les ouvriers, tout au contraire, ont un immense arriéré de plaisirs et de satisfaction à combler, et dès que le succès de leur association les a mis hors de peine et au-dessus de leurs affaires, ils se livrent alors à des explosions d'une joie bien naturelle; ils ne s'amusent pas dans le but de se désennuyer, à l'instar de leurs supérieurs, mais ils s'amusent parce qu'ils sont contents.

Aussi, pour comprendre toute la portée de ces associations ouvrières, il ne faut pas les considérer seulement dans leur but le plus immédiat : magasins d'épiceries, moulins, ateliers de confection, pas même comme des sociétés de prévoyance contre la misère. Elles sont, en réalité, des institutions de sociabilité, des clubs où l'ouvrier peut haranguer ses égaux, discourir en public, et traiter les affaires de la communauté tout comme s'il était membre du Parlement, ou de l'ancien *Wittagemot* des Saxons. L'ouvrier coopérateur est intéressé dans la chose publique, il se sent désormais citoyen et homme libre; les assemblées générales ne sont pas là pour le dividende seulement, mais pour donner lieu à des réunions parfaitement *genteel* et *respectable*, où leurs femmes et leurs filles jouiront des plaisirs que peut procurer une société bien élevée. Club, comptoir, salon, affaires, plaisirs, tribune et représentation, vie politique et sociale, tout se trouve à la fois dans ces réunions; l'artisan accomplit en bloc toutes ces fonctions diverses, dont il n'a pu encore opérer la division, n'ayant pas un loisir suffisant pour vaquer à chacune d'elles. Que les petites vanités et quelques ridicules qui, çà et là, se sont fait jour dans ces *festivities* et ces *convivialities* n'induisent personne en erreur. Les faiblesses de quelques individus n'empêchent pas que la classe ouvrière ne soit confiante en sa force; elle veut conquérir un meilleur avenir par sa persévérance. En s'affranchissant de la misère, les travailleurs veulent entrer de plain-pied dans la vie politique et dans les jouissances de l'art et de la vie sociale, réservées jusqu'alors « *for their betters*, » pour de « meilleurs qu'eux. » Pour y arriver, ils ne négligent aucune occasion de s'initier à cette vie des classes supérieures que leur ambition secrète est de partager un jour.

« Nous autres gens de « basse classe, » nous ne sommes plus traités d'animaux féroces comme jadis; nous avons fait sans doute quelques progrès depuis que Croker nous qualifiait à la Chambre des communes de brutes insatiables, et depuis que le Lord Lieutenant de Norfolk nous dénonçait comme des brigands et des incendiaires. Hopwood se raillait de nous en plein Parlement; nous n'étions, disait-il, que des créatures d'instinct, de simples machines peut-être. Longfield nous qualifiait d'ignorants, de vicieux et d'irréligieux. Aujourd'hui, l'on nous vante, on ne peut trop admirer notre constance ; aujourd'hui nous supportons en héros la crise, la misère, la famine [1] ; aujourd'hui nous ne sommes plus brigands ni incendiaires, ni brutes ni machines, ni vicieux ni athées ; non pas, certes, nous respectons la propriété, voyez-vous ! et nous autres, gens de la basse classe, nous sommes devenus le plus ferme soutien de l'ordre social. Mais, si nous sommes si héroïques et vertueux sans droit de suffrage, redeviendrons-nous des brigands et des impies si on nous accorde le droit de voter? Et quel mal y aurait-il à ce que nous le réclamassions ? Aucun, sans doute; car, pour réparer une injustice et s'affranchir d'une servitude, il n'est jamais trop tôt, il ne sera jamais trop tard ! »

Ainsi s'écriait dernièrement un certain *Caractacus*, qui s'est décoré du nom de quelque mythologique chef breton, pour paraître avec plus d'avantage dans les colonnes d'un journal populaire.

Que conclure ?

M. William Chambers, un de ces hommes qui auront laissé le monde meilleur qu'ils ne l'ont trouvé, semble avoir répondu à cette question dans un discours qu'il a prononcé lors de l'inauguration de l'*Edinburg Cooperative Building Society* :

« Depuis longtemps, on nous a beaucoup parlé de l'amélioration des classes ouvrières, pour lesquelles on a largement dépensé de la philanthropie malentendue. Après une longue expérience de projets de toute espèce, nous arrivons à la conclusion qu'après tout, le bien-être d'un chacun dépend de ses propres efforts. « Aide-toi et Dieu t'aidera ! » La protection, la sentimentalité, l'intervention paternelle, la tutelle administrative, toute aumône substituée au travail, valent moins que rien...

» Selon moi, la Coopération est, dans l'histoire du progrès, le commencement d'une ère nouvelle. Pratiquée avec discrétion, elle répandra la tempérance, l'économie et plusieurs vertus qui, avec le temps, changeront radicalement la condition des classes laborieuses et les élèveront dans l'échelle sociale à un niveau bien supérieur à ce qu'il est aujourd'hui. En s'associant avec le capital, le travail se prépare un brillant avenir; mais les grandes choses ne s'obtiennent qu'au prix de grands sacrifices, et cet avenir ne sera préparé que par de longues et de persistantes économies ! »

Serait-il donc vrai que désormais l'antagonisme entre employeur et

[1] Lors de la dernière prorogation du Parlement, S. M. la reine Victoria a dit à peu près la même chose en termes officiels.

[illegible] aboli par le principe de l'association? Plus il n'y aurait de grèves, de règlements arbitraires, ni de fermetures d'ateliers et de chantiers! Plus il n'y aurait de coalition marchant en guerre contre une autre coalition! Un pont serait jeté entre le travail et le capital, séparés autrefois par le gouffre de l'usure! Plus d'intermédiaire entre le producteur et le consommateur, réunis dorénavant dans une seule et même personne, comme le seraient aussi le patron et l'ouvrier, et par conséquent la classe bourgeoise et le prolétariat qui se fondraient dans la nation sans laisser de traces de leur désunion originaire!...

Telle étant la théorie, une pratique déjà suffisante nous permet de bien augurer de sa réalisation. Cinq ou six cents sociétés ouvrières sont formées ou en voie de formation; l'armée des coopérateurs grossit ses rangs de jour en jour : elle pourra être formidable; voilà pour le nombre. Quant à l'argent, une somme de plusieurs millions de francs a été déjà mise en œuvre pour la constitution du nouvel ordre de choses. S'il faut des preuves de capacité commerciale et administrative, les minoteries de Leeds et de Rochdale les ont données; après avoir fait pour 25 millions d'affaires, ces compagnies n'ont pas pour 250 francs de mauvaises créances. S'il s'agit de moralité, les Équitables Pionniers peuvent certes être cités en modèle à leur génération.

L'avénement du régime d'association serait en Angleterre un immense fait politique et social. Nous verrions alors, nous verrions...

— Silence! renfermons nos doux espoirs au fond de notre cœur. Les destins sont jaloux; point ils n'aiment qu'on les devine; point ils ne veulent qu'on leur sourie d'avance!

15 octobre 1862.

ÉLIE RECLUS.